～国語科単元学習・総合的な学習を通して～

学びを創る

動き出した子どもたち

〔監修〕安田女子大学教授　山本名嘉子

〔編著〕広島県福山市立山野小学校（代表：野田能行）

渓水社

はじめに

平成１４（２００２）年度から新学習指導要領による教育がスタートし，完全学校週五日制，教育内容のリニューアルという改革が始まりました。これからますます激変していく社会の中で，「生きる力」をつけるため，基礎的・基本的な内容の確実な定着を図り，自ら学び，自ら考える力などの育成が求められています。

本校では，昭和４５（１９７０）年より公開研究会を実施してきました。継続的に研究を続けていく中で見いだす子どもたちの成長は，授業研究の喜びの一つでした。その研究態勢が伝統的に引き継がれ，子どもたちとともに学び，手応えを感じながら，「自ら考え，生き生きと活動する子どもをめざして」のテーマのもと，指示待ちや受け身の学習態度の克服をめざして教育実践を続けてきました。

子ども一人ひとりが学習の主体者となるための授業づくりを模索していた６年前，国語科単元学習を進める中で，安田女子大学教授山本名嘉子先生のご指導を受ける機会に恵まれました。子どもの「学び」を創っていくために何を大切にしていかなければならないか，「学びの本質」についてお教えいただきました。今回私たちの６年間の「学び」を是非多くの方に伝えたいと願い本書を出版することにしました。

編集にあたっては，「成すことによって学ぶ」という観点から子どもの主体性を大切にした指導を心がけたことをまとめ，子どもたちが興味・関心を持って取り組める単元づくりの実践例を載せました。それぞれの終わりに「実践を通して見えてきたこと」として，成果と課題をまとめています。専門的な術をもたない者が編集しましたので，十分でない部分もあろうかと思いますが，山本名嘉子先生が序章で加筆して補ってくださったことでお許し願えればと思います。

実践のなかにあるように，地域には多くのすばらしい方々が地域の文化を育んでおられ，子どもたちは豊かな環境のなかで育っています。また，学校教育に深い理解と多大の協力をいただき，子どもたちの活動を支えてくださっているからこそ，この本が誕生しました。

これまでご指導くださいました山本名嘉子先生をはじめ，福山教育事務所並びに福山市教育委員会の指導主事の先生方，本の出版に後押しをいただきました皆さまに，心からお礼を申しあげて編集にあたってのご挨拶といたします。

平成１５（２００３）年３月

福山市立山野小学校長　野田　能行

目次

第４章　子どもと共につくり出す授業の実際

第５章　地域と共に生きる「総合的な学習」の実際

第６章　読書の楽しさを伝え合う授業の実際

資料

学びを創る

動き出した子どもたち

序章

生き生きと学ぶ国語科授業の創造
―山野小学校国語科単元学習への歩み―

山本　名嘉子

「少人数の学校で，そのせいか子ども達に表現力がついていない。一度学校に来て見てもらえないか」という依頼を受けて，山野小学校との出会いは始まった。平成９年の３月，校長室の窓からは早春の山が間近に迫って見え，学校のすぐ傍には山野川が流れる。校庭には楠の大木がしっかりと根を張って，伝統のある学校のたたずまいを感じさせた。子ども達は素直でおとなしく，迎えてくれた教職員の方々も親切で優しかった。

この学校の課題，やがてこの地を出て行く子ども達が自ら考え，自分の道を切り開いていく国語力を，中でも豊かな表現力を何としてもつけたいという教師の思いは切実であった。一緒に研究しましょうと言いながら，身の引き締まる思いがしたのを今も覚えている。子どもを見つめて出発した国語科授業研究の始まりである。そして，この６年間に，その年その年の教職員の方々（２６名）と常に新しい国語科・総合的な学習の単元を開発してきた。その数は，７０に及ぶ（巻末資料参照）。新年度が来るたびに新しいメンバーを迎えて，これまでの実践が検討され，考え方が揺すぶられ，取り組まなければならない新しい課題が浮き彫りにされた。常に現状に泥むことなく子どもたちとともに新しい学びを追究し続けていくその粘り強さと揺るぎない努力はなにものにも代えがたいものである。こうした授業研究の蓄積によって，一人一人が生き生きと学ぶ国語科授業づくりの道筋を一歩一歩確かなものにすることができたといってよい。この後に述べる国語科授業づくりの方略はすべてこうした実践によって裏打ちされたものである。

１．一人一人が生き生きと学ぶ国語科の授業を求めて

（1）　自分の授業を見直す―子どもの側に立って

授業研究の始まりは，自分の授業を見直すことから始まった。教科書教材を順番に教えているが子どもたちが意欲を示さない。いくら発問の研究をしても，話し合いをさせても少人数だから深まらない。みんな同じ意見で違う考えなど出てこないなど，授業の悩みが出されてきた。教師が中心になって引っ張っていく授業である。

まず考えることは，子どもたちにとって学びたい授業となっているか，学ぶ

必要や必然性のあるものになっているかということであった。そこで，次のような視点から授業を見なおすことにした。

ア　子どもたちの興味・関心を生かした，学びたい内容になっているか。

イ　つけたい力は明確になっているか。

ウ　主体的な言語活動が成立するようにしているか

エ　自ら学ぶ力を育てているか。

オ　一人一人に確かな学習が成立するような個別の支援を用意しているか。

（2）「話したい・書きたい・読みたい」を引き出す―学びの事実から

ことばの力は，学習者の主体的な学習なくして育たない。学習者の主体的な学習とは，子どもたちが目的をもって，意欲的に言語活動を行うことである。話したい，読みたい場に立たせれば，子どもたちは想像以上に意欲的になる。こうした事実を山野小の教師達は，実践を通して実感し確かめることができたのである。子どもたちの主体的な学習を引き出す場は，子どもたちの生活を見つめ，学びの事実を見つめることから生み出されることを確信した。

（3）生き生きと学ぶ場を創り出す―実の場を求めて

子どもたちが生き生きと学んだり，豊かに言語活動したりするためには，子どもたちの思いや願いから出発した「～したい場」が必要ではないかと考えた。例えば，「昔の山野はどうだったのだろうか」という昔の山野を調べたいという思いは，これからの生き方を模索する６年生にとっては何としても取り組みたい学習のひとつとなった。強い目的意識や，体験が深い感動を引き起こす。主体的なことばの学習は，「～したい場」を創りだすことから始まることを実践の中で確かめることができた。その結果，例えば，表現活動において生き生きと活動する場が成立するための条件を次のように整理することができたのである。

① 何の目的で表現するのか（目的意識）。

② 何を伝えたいのか（内容）。

③ 誰に伝えるのか（相手意識）。

④ どうやればよいか（学習のイメージ，見通し）。

⑤ 自分は何を学ぶか（個人目標，個人課題）。

①～⑤の条件の具体的な内容については，第２章で詳細に報告しているので参考にしてほしい。

こうした学びの場を創り出すことから取り組んだ授業づくりは，非常に効果があったと思う。それは，授業とは，教科書の順番に従って教えることではなく，子どもたちの側に立って教材を見直し，子どもの学びを引き出すことを工夫しなければならないことを学んだからである。こうして教師の国語科授業観を大きく変わっていった。

（4） 単元の開発，教材の開発—子どもの生活や地域を見つめて

生き生きと学ぶためには，何よりも学習の内容が問題になる。子どもたちの生活や興味・関心は，学習内容を設定するときの重要な視点である。また，伝統ある地域や豊かな自然は教材の宝庫であった。単元づくりにおいて大切にしたいのは何よりも学習者の視点であるが，しかしそれは言語の能力を確かに育てるものでなければならない。「楽しく学んでことばの力がつく」授業づくりがお互いのキーワードとなった。

子どもたちの興味・関心を生かすことを工夫したが，興味・関心を育て，高めることにもさまざまに取り組んだ。「絵本を作らせたい」という授業の構想を持つと，毎日の読書活動を充実させて絵本の面白さや作り方への興味を育てていく。子どもたちは，総合的な学習で地域の生きものについて調べていたことを発表するときは国語科で学んだ絵本づくりをしてまとめたいと希望してきた。また，地域の人たちとのお楽しみ会のために野菜づくりをしていた時，害虫の被害に出会い，益虫や害虫に興味を持った。野菜作り名人に話を聞きたい，本でも調べたいという意欲は高まってきた。もっと調べよう，調べて，新聞にしようという単元はこうして自然に生まれてきた。こうした授業では，自分の学習だという意識と学習のイメージを容易にもつことができ，主体的に学習は進められたのである。

（5） 言語活動を組み立てる—学びたい・教えたいの統合

単元の構想ができたならば，その中で行われる言語活動を学習の順序に並べてみる。その過程がむりなく意欲を高めるものとなっているかを検討する。また、それぞれの言語活動ではどんな言語の能力や態度を育てることができるか，またどんな言語活動を経験させることができるかなどを厳しく吟味しなければならない。さらに，留意すべきことは，自ら学ぶ意欲を大切にして学習過程を展開することやつまずきに対処するための方法や時間などを準備しておくことである。学びたいという子ども達の学習が確かな力をつけるものとなっているかどうかを十分に検討しておきたいものである。

（6） 学習計画をつくる—自ら学ぶ力を育てるために

学習のゴールを確認した子どもたちはそのためにしなければならないことを考える。子どもたちと教師は学習のイメージを明らかにしながら学習の計画を話し合い，単元の計画をまとめあげる。その過程で，目指すべき目標と評価が明らかになり，自ら学ぶ力は育っていく。

（7） どんな力を育てるか—年間計画と評価

国語科の学習は，総合単元学習，教材単元，練習学習，小単元（帯単元）など目的や内容に合わせてさまざまに計画される。これらを支えるのが国語科の年間指導計画である。１年間でどのように確かに基礎・基本を定着させるかを計画しておくことが単元学習を行う場合は重要である。思いつきで学習を計画するようでは，バランスのとれた学力の定着とはならないし，子どもたちに過重な負担を負わせることにもなる。また，学校の課題については，特別に年間指導計画を作成して実践に取り組むこともしなければならない。

（8） 個を生かすことと個への支援

一人一人の主体的な学びの成立には，学習者の興味・関心を生かし学習意欲を高めることが重要な問題である。そのために，一人一人が自らの興味・関心や課題意識に従って学習を計画したり，選択したりできるようにすることが必要となる。学習が多様化されるために個の学習を支援する学習の手引きなども準備しなければならない。このように個に対応した学習は，少人数の授業を豊かにするとともに，お互いのかかわりあいを育てることになる。

（9） 学習の振り返り—学び方の自覚と自己評価力を育てる

学習の終わりには，自分の学習を振り返る習慣を育てる。「よかった・わるかった」だけではなく，学習の過程を具体的に振り返って記述することや，自己目標の達成状況などを記述するようにさせたい。このことが自己評価力を高めるとともに学び方の自覚に繋がる。

（１０）学習記録をまとめる

学習の過程で作成されたものや毎時間の振り返りなどを全部整理し目次をつけ，一つの本のようにまとめる。このように学んだものがまとまることは学習の自己管理を育て主体的な学習者としての自覚を促すが，それ以上に学習の達成感を培い，学ぶ喜びを育てることになった。

これまでに示した国語科授業づくりのポイントは，実践を重ねる中で浮かび上がった課題を一つ一つ授業で確かめたものばかりである。これらについては，第３章以下のそれぞれの実践事例で具体的に示している。

２．授業研究のあり方を求めて—自立した授業研究者に

（1） 年２回の授業公開と事後の実践の検討

山野小の伝統となっている授業研究のあり方には学ぶべき点は多い。１学期に全員が校内で単元学習の授業を公開し協議の場を持つ。それは，実践記録にまとめられる。それを夏休みに検討し，秋の山野小教育研究会のための単元の

計画に生かすようにする。教育研究会でのそれぞれの授業もまた実践記録としてまとめられる。これを詳細に吟味し検討を加え，次年度の課題と目標を明確にする。こうしたサイクルを毎年変わることなく粘り強く実施する。全員が足並みを揃えてこのように取り組む研修の姿，そこに感じられる一人一人の熱意と努力は，実に素晴らしいものであった。

（2） 自己課題を明確にした授業提案―指導案の書き方

学校教育目標を受けて学校の研究主題が設定される。これを一人一人の教師が課題として受け止め，学年（クラス）の目標を設定する。それが授業にどのように目標として生かされているかを指導案に明記する。指導案に示された教師の自己課題を受けて，授業の計画は検討される。こうした指導案の書き方は大変であったと思うが，授業研究が自分の日々の実践に繋がり，授業研究は，点から線に，そして面になりどの教科にも広がっていく。

自己課題を明確にした授業研究のための指導案は前例も少なく，どのような項目を挙げてどのように書くかは毎年のように検討されなければならなかった。

（3） 自分のことばで実践記録を書く―確かな授業研究力に

実践記録を年に2回まとめることは，多忙な教師にとって大変なことであろう。

公開研究会の前に，そして公開研究会での授業が翌年の3月にはまとめとしてできあがる。それぞれの分厚いまとめを手にすると，これを書き上げた一人一人の教師の顔や子どもたちの学びが浮かびまたしても感動する。そこには，指導案だけではなく，子どもの学習活動や作品の考察に加え，助言や他の人の意見も自分の課題として受け止めている。授業研究の課題についてもどうであったかなど授業評価もここでは明確にされている。一般には，研究授業や公開研究会が終わるとそのままになってしまう状況が少なくない。また，紀要にまとめられたものも指導案や助言がそのまま収録されていて，授業者はどのように受け止め学んだか，自分の授業をどう改善しようとしているかが記述されていないことが多いのである。自分のことばで自分の授業や子どもの学習を描き出すことが大切なのである。

こうして，山野小との6年間を振り返ってみると，優れた，そして粘り強い実践研究者に支えられ励まされて，止まることなく国語科授業のあり方を追究してきたことに気付く。共同研究者としてかけがえのない仲間に恵まれたことを幸せに思い，深く感謝の意を捧げるとともに，いっそうの発展を期待してやまない。

第 1 章

子どもの活動を中心に据えた授業づくり

1. 教師主導, 知識の詰め込み授業からの脱却

（1）子どもたちが変わってきた
（2）単元学習（山本先生）との出会い
（3）教師の意識を変えていった単元学習

2. 子どもが生き生きと学ぶ授業づくりの展開

第１章　子どもの活動を中心に据えた授業づくり

１．　教師主導，知識の詰め込み授業からの脱却

（１）子どもたちが変わってきた

平成１３年の１０月，５年生の総合的な学習「ニュース番組を作ろう」の計画を立てている時であった。「『ニュースとは何か。』とか『アナウンサーの話し方』を勉強せんといけんよ先生。」という学習活動の提案があり，４月に転勤してきた先生は，びっくりした。子どもたちは，基礎・基本となる学習をしたいと自分たちから要求できるようになっていたのである。

また，平成１４年６月，６年生になって「読書発表会　この作家の本おすすめ」の国語科単元学習を進めているときであった。「先生，どんな発表がいい発表なのか教えて。」「どんなふうにできたら，６年生として工夫した発表と言えるの。」「もっといろんな発表の仕方を勉強したいな。」と子どもたちから工夫した発表の仕方を学ぶ場を設定してほしいなど，学習についての提案や課題がつぎつぎに出てきた。３年生の時は，いくらヒントカードや例文などで支援しても，なかなか意欲的に学習に取り組もうとしなかった子どもたちであった。このような子どもの成長を見ることができ，私たちは，これまでやってきた実践に確かな手応えを感じた。

単元学習に取り組んで行く中で，基礎的な学習の仕方や言語活動の具体的方法を子どもに示し，自ら選択する学習を積み上げてきたことで，先に述べたような姿に変わっていったのではないかと考える。また，教師が発表の例を提示すると「今回は，あの方法がいいな。よし挑戦してみよう。」と，すぐに自分の発表内容をイメージ化し，調べ活動，発表原稿へと夢中になって取り組んでいった。前述の子どもたちは，１年生から単元学習を学んできている。６年生らしい工夫をしたい。今までやった方法ではないやりかたに挑戦していこうとする子どもたち，今の自分をさらに高めていこうとする子どもたちの姿を目の前にし，遅々たる歩みではあるが，私たちの実践の積み重ねが，子どもを育てていくのだと実感した。

（２）単元学習（山本先生）との出会い

学校教育の中核をなす授業をどう考え実践していくか研究を重ねてきた。「国語の授業が楽しい。」「国語の勉強っておもしろいね。」と子どもたちが思えるような授業にしたい。ことばの力を育てていける授業にしたいと願って授業改善を進めてきた。

しかし，まだまだ教師が発問し子どもたちが答えるという教師主導の一斉指導が多かった。子どもたちは，本来多様な見方・感じ方・考え方をもっており，分かり方も一様でない。ところが，私たちは，子どもを一面的・平面的にとらえ，決めつけているところが多い。授業においても，「教材で」と言いながら，教材を教え込むことに一生懸命になり，知識の詰め込みを行ってきた。これでは，生き生きと活動する本来の子どもたちの持つ力を発揮させたものとは，到底いえない。

そこで，単元計画の教材の中にも，幅広く資料を取り入れることにより，興味ある学習活動になるように工夫してみた。しかし，子どもたちの興味・関心・学びたいことと，私たちの育てたい言語能力とを重ね合わせることがなかなかできなかった。興味・関心を育てていくことさえままならない現実にぶつかり，毎日模索している現状であった。

そんなとき，安田女子大学教授の山本名嘉子先生と出会い，国語科単元学習を通して教師主導から子どもの学びを大事にした授業にしていこうと研究を進めるようになった。

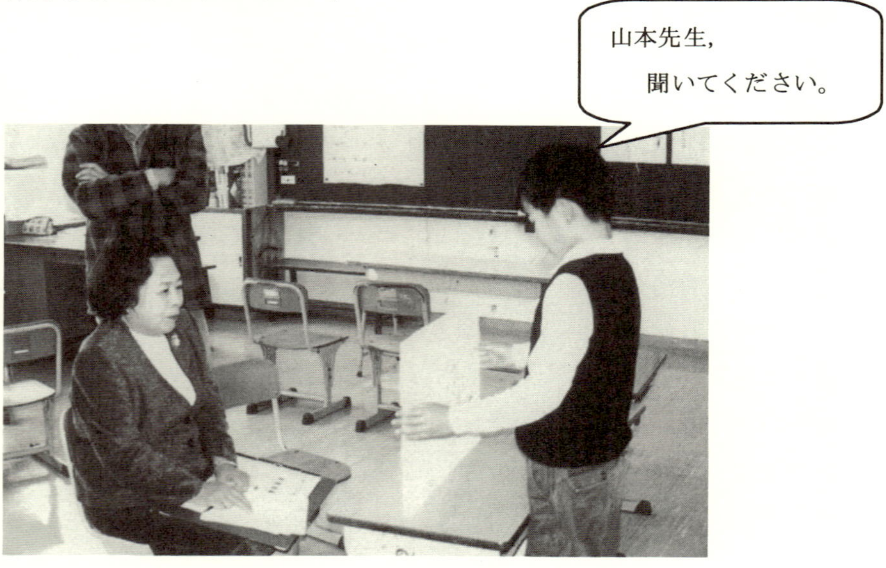

（3）教師の意識を変えていった単元学習

教え込みの授業から子どもの側に立った子ども主体の授業へと単元学習に中心になって取り組んだ二人の先生に，教師や子どもたちの授業に対する意識がどのように変わったか尋ねてみた。

「私たちは，今までいろんな問題が起きた時，いつも先生に解決してもらってきた。問題が解決するのはうれしいんだけど，私たちは，自分たちで問題を解決したいのです。」

山野小学校に転勤して受け持った６年生が日記の中に書いてきた文章である。子どものこの言葉を聞いた時の自分の心の揺れを今でも覚えている。自分が今までやってきた教育は，いったい何だったのだろうと。合理性や能率性を優先させ，子どもの思いや子どもが本当にやりたいと思っていることに心を向けなかった私への抗議であった。教育の原点に立ち返らせてくれたのが山野の子どもたちだった。

１２月の児童会で行う収穫祭の時も，子どもたちは「今までと同じことはやりたくない。自分たちで考えたことをやらせてほしい。」と要求してきた。１１人の子どもたちだけですべてを準備しやりぬいたのが，彼らがやりたいと言いだした「おばけ屋敷」である。何を準備すればいいのか。縦割り班で何をするのか。運営・実行すべてやり切った。どの子の顔も満足感でいっぱいだった。

低学年がわくわくしながら待っている表情を目の前にし，児童会長は「行事が成功するというのは，みんなの笑顔がいっぱいになることなんだな。」ということを身体をもって感じることができた。今までと自分の考え方が変わっていったと教えてくれた。

教師が道を作り，その上を走らせてやって成功した時の喜びと自分達が考えて工夫し，行動していった喜びとは子どもにとって喜びの大きさが違う。学んだことも大きく違うのだと。

こんな大事なことに気づかせてくれた子どもたちを前にしながらも，授業は，相変らず教師がしっかりと道をつけ自分の思う方向に引っぱっているという表現がぴったりの授業しかできなかった。

そんな時に出会ったのが，国語科単元学習であった。国語科の研究を進めている私たちにとって，国語科単元学習との出会いは，授業を通して「子どもの側に立った授業」をどう創り上げていくかということへの挑戦であった。それは，指示待ちの子どもたちにしてしまった私たち教師一人ひとりの，自分への挑戦だった。教えるだけの授業から，子どもが学びたいという気持ちを育てながら自ら考えて表現する力を育てていく授業へ。

（１）学習のゴールをイメージ化させる。

（２）子どもといっしょに学習計画を立てる。

（ゴールに行くまでにどんな学習が必要かが分かり見通しをもつ。）

この２つのことを授業の中で仕組むだけで，子どもたちの学習に対する意欲は，今までと全然ちがったものになった。自分のすることがはっきりしていること，相手がはっきりしていること，何が出来ればいいかがはっきりしていること，興味・関心のある体験活動があることなどが，子どもの意欲をかきたてていったのだ。

「ここまでは，意欲的に出来たんだけど，そこから後が意欲がおちたのよ。どうしてだろうね。」「先生，Ｂ君がね。自分から一行書けたのよ。」というような先生たちの声が聞けるようになりだした。Ａ先生は，一行しか書けなかったＢ君のことに感動していた。今までどんなに無理やり書かそうとしても「わからん。」とかたくなに心をとざしていたＢ君。そのＢ君が自ら一行を書いたのは，天然記念物を紹介するために取材活動をした後のことだ。

ビデオコースと新聞コースの２つに分かれての活動。Ｂ君は，ビデオコースだった。たった一行であるが，その一行の重みを担任のＡ先生は，しっかりと受け止めていた。喜々として語る表情にそれが表れていた。「こういう方法をやったら？」「もっとこうした方が子どもが意欲的になるかもよ。」「もうちょっと，子どもが動くのを待ったら。」とか，子どもの話に花が咲く職員室は，素敵である。総務の先生方が，子どもとの授業に専念できる様に色々と気を配ってくださる。

子どもたちの頑張りを認めほめ続けて二年から三年すると，今まで経験したことが子どもの力としてたまってくる。そうすると，「先生，それじゃったら○○せんといけんね。」という子が現われてくる。

「子どもの側に立ち教育を創っていく。」という考え方での実践はやがて，委員会活動等でも見られるようになった。「何か生き物を飼いたい。」という子どもたち，子どもたちと様々な条件を考えながら３ヶ月の話し合いが続いた。その結果，地域の方からウコッケイをゆずってもらうことに。その日以来，飼育に関して先生が指示を出したり，注意をしたりすることは1日もなかった。ウコッケイの卵を売ったり（飼料を買うため），ひなの誕生を新聞で全校に知らせたり，名前の募集をしたり，子どもたちは先生のちょっとした支援でどこまでも行動していく力をもっているんだなとつくづく感じさせられる。

プロである私たち教師は，今，一人ひとりの子どもをどれだけ捉えきることができるかが問われている。

（元山野小学校教頭　井上貞女先生）

「何をするの。」「どうするの。」

私が，国語科単元学習を始める前の子どもたちの問いである。この時間どんな学習をするのか知りたがって子どもは尋ねてくる。説明をすると「ふーん。」と言うが，その顔はあまりうれしそうではない。ただ単に，何をするかが分かっても子どものものになっていなければ，意欲はしぼんでいく。

国語科単元学習では，子どもたちに今，自分は何をしているのか，これからどうなるのかなどが見通せるように，学習の計画を子どもとともに立てる。子どもの興味・関心に沿ってゴールを決め，そこに至るまでにどんなことが必要なのかを考えるのである。

例えば，冒険やファンタジーの本を読み，ワクワクドキドキする言葉を集めたり，気に入った表現を探したりする活動を通して興味・関心を育て，物語を書くというゴールへとつなげる。子どもは，登場人物や出来事が必要なことに気づき，そこに教師が考える「つけたい力」を重ねて計画を立てる。登場人物の名前を考える頃には「この子は，女の子でおてんばなんよ。」「この猫は，人間の言葉を話せるんよ。」といった性格に関わった設定を自らする子どももみられるようになった。見通しをもつことによって，より主体的に考え活動することができた。

一文を書くのに考え込むA児は，ゆっくりとしたリズムの中で言葉を選びながら文章を書いていく。一時間の授業の中で一文，二文といったこともある。そこで，文章の多さ，長さではなく文章表現のよさを認め合う場として，授業の最後に子どもたちが互いの文章を読みあって評価するようにした。

恥ずかしがり屋で，どちらかというとおとなしいＢ児がＡ児の書いた文章を読み，評価したことが「音のことが書いてあるからよくわかるよ。」であった。始めは何を評価しようか戸惑っていたＢ児は，授業前に渡していた手引きをもとに評価カードに記入したのである。手引きは，子どもが文章を書くときのヒントになればと考えていた。ところが，Ｂ児は文章を読むときも役立てた。書くときには書くことを中心，読むときには読むことを中心といった授業が多かった私にとって，このことは大きな驚きであった。国語科単元学習は，「書くこと」と「読むこと」や「話すこと・聞くこと」と「読むこと」などをより自然に関連させて行うことができる。

（元山野小学校教諭　松岡智浩先生）

この二人の先生方が述べておられるように，それまでの教師がゴールを決め道をつけ，子どもを引っぱっていくという教師主導型の授業では，子どもの自ら学ぶ意欲が育たなかった。まず，子どもの興味・関心を育てる。子どもと一緒にゴールを考え，計画を立て，子どもがやりたいことと教師のつけたい力が重なったとき，子どもが目を輝かせ授業に主体的に取り組むようになった。単元学習は，私たちの授業を大きく変えていった。

２．子どもが生き生きと学ぶ授業づくりの展開

本校では，１９８８年以降「自ら考え，生き生きと活動する子どもをめざして」研究を積み重ねてきた。本年度は，研究教科を国語科にしぼり研究を始めて１０年目である。その概要は，次の通りである。

「教材を教える」ことから「教材でどんな力に培うか」への転換にむけて，教師自身の作品の読みとり方を研修した１年目。作品の中にある教材性（学習要素）をあきらかにすることに焦点をあてた２年目。研究領域を説明文にしぼり，内容の読みとりに重点をおいた授業から書き手の立場にたち，筆者の「述べ方」を読む授業への転換に一歩ふみこんだ３年目。この３年間は，読みとり方と表現の仕方を大事にした授業を仕組む授業研究を行っていた。

４年目は，「述べ方」を読む授業に加えて，単元全体の構想をもっと大きくとらえ，子どもたちが目的をもって楽しく学習していけるようにと考えた。教師主導，作品中心の授業からの脱却をめざし，一人ひとりの子どもたちの意欲的な活動に重点を置く授業を模索した年であった。

単元学習の授業研究を始めて現在に至るまで，主に取り組んだ内容の紹介。

【５年目】　１９９７（平成９）年度

研究主題　自ら考え，生き生きと活動する子どもをめざして
　　　　　― 自分のことばで表現する力を高める ―

国語科単元学習の研究が安田女子大学の山本名嘉子先生のご指導を受けながらスタートした。子どもの学習活動を中心に据えた授業，子どもが生き生きと学ぶ授業が少しでもできるようにと努力した。

生きて働くことばの力は，子どもたちが「話す力」「聞く力」「書く力」「読む力」を発揮せざるをえない「場」で実際に言語活動を行うことによって育つものであると考えた。そのような必然の場を「実の場」とした。場づくりを中心に研修を進めた年であった。なかでも，単元設定の工夫として次のような点について取り組んだ。

○ 子どもの生活の中にある素材や，地域にある素材を教材化していく。

○ ゴールが見えるように子どもと一緒に計画を立てる。

○ 教材（学習材）が子どもにとって身近なものになるように他教科・他領域との関連的な学習にする。

○ 自己選択の場を設定する。

○ 評価の計画を立てる。

【6年目】　　１９９８（平成１０）年度

研究主題　　自ら考え，生き生きと活動する子どもをめざして
　　　　　　　－　自分のことばで表現する力を高める　－

国語科単元学習をさらに深めようと，個を生かす授業へとどう高めていくか，子どもが学びたいことと，教師が育てたいことをどう重ねていくかを中心に研修していった。主に取り組んだ内容は，次のような点である。

○ 子どもを捉える「ものさし」作成

○ 国語科年間計画の作成

【7年目】　　１９９９（平成１１）年度

研究主題　　自ら考え，生き生きと活動する子どもをめざして
　　　　　　　－　言語表現を軸とした総合的な学習を通して　－

国語科単元学習をはじめて２年，授業の考え方を変え，子どもが生き生きと学ぶ場（実の場）から出発し，活動を工夫していった２年間であった。しかし，私たちにとって国語科の中で「子どもと共に創り出す」授業を行っていくことは，非常にレベルが高かった。そこで，教科の枠も広げ総合的に地域を教材とした単元づくりを工夫し，その中で言語表現を軸に「自ら学ぶ力」を育てていくことを目標とし，３年後に始まる「総合的な学習」に向け，授業づくりの研修を進めていった。主に次のような内容を中心に取り組んだ。

○ 教材開発（地域にある素材や子どもの生活の中にある素材を教材化）

○ 自ら学ぶ力についての分析

○ 実の場，学習内容・方法の工夫

【8年目】　　２０００（平成１２）年度

研究主題　　自ら考え，生き生きと活動する子どもをめざして
　　　　　　　　　一　言語表現を軸とした総合的な学習を通して　一

「言語表現を軸とした総合的な学習」を充実させようと次のような内容を中心に研究を進めた。

○ 教材開発（地域にある素材や子どもの生活の中にある素材を教材化）
○ 言語表現についての子どもの実態をしっかり把握し，課題に取り組む
○ 共に学ぶ場の工夫
○ 自己評価を意識的に取り入れる

【９年目】　２００１（平成１３）年度

研究主題　　自ら考え，生き生きと活動する子どもをめざして
　　　　　　　　　一　言語表現を軸とした総合的な学習を通して　一

前年度の取り組みから明らかになった課題「自分の思いや考えを入れてまとめる力」を高めることを中心に研修を進めた。

○ 「総合的な学習」の完全実施に向けての「単元開発のまとめ」，全教科で育てる「自ら学ぶ力」の表の整理
○ 評価の観点の積み上げ

【１０年目】　２００２（平成１４）年度

研究主題　　自ら考え，生き生きと活動する子どもをめざして
　　　　　　　　　　一　自分のことばで表現する力を高める　一

３年間取り組んできた総合的な学習では，子どもたちに興味・関心，意欲が育ち，主体的に取り組む力が確かに育ってきた。しかし，反面，国語科の中で本来育てるべき言語能力が，確かな力として育てきれていないという反省のもと，もう一度原点に立ち戻って，国語科の研究を進めることとした。特に，「話す・聞く」の力を高めることを中心に取り組んだ。

○ 「話すこと・聞くこと」の場の工夫
○ 「話すこと・聞くこと」の基礎・基本の指導の工夫
○ 評価の工夫

第　2　章

子どもが主体的に学ぶ授業づくりの視点と方法

1. 子どもが主体的に学ぶ授業づくり

（1）「生き生きと活動する場」を創り出す工夫
～必然のある場～
（2）学びたくなる学習内容と方法の工夫
（3）自ら学ぶ力を育てる自己評価力の育成

2. 単元学習の授業づくりのポイント

第２章　子どもが主体的に学ぶ授業づくりの視点と方法

１．子どもが主体的に学ぶ授業づくり

（１）「生き生きと活動する場」を創り出す工夫
～必然性のある場～

単元学習でまず重点をおいて取り組んでいったのは，「実の場」の場づくりである。生きて働くことばの力は，子どもたちが「話す力」「聞く力」「書く力」「読む力」を発揮せざるをえない「場」で意欲的に言語活動を行うことによって育つと考えた。そのような必然の場を「実の場」として捉え取り組んできた。「実の場」をだれもが分かりやすい言葉にしようと考えた結果，「生き生きと活動する場」に変えて使うことにした。

①「生き生きと活動する場」

本校では，「生き生きと活動する場」を次のように捉えている。

（ア）　子どもの思いや願いから出発した　～したい場
（イ）　～せざるをえない場
（ウ）　体験活動を通して学ぶ場

（ア）（イ）（ウ）の場について，１９９９年度２学期　５・６年の単元「２１世紀に伝えよう！みんなの山野小学校」の実践例では「生き生きと活動する場」を具体的に次のよう捉えた。

（ア）「昔の山野を知りたい。」

１学期末に社会科学習で地域の方から「水産業」の話を聞いた。その時に話された「昔の山野」の話に子どもたちは，興味・関心を強く持った。そして，２学期になり「昔の山野のことを知りたい」という思いから児童会行事「老人宅訪問」で「昔の山野」について聞く活動を行なった。地域のお年寄りから聞いた話を学校で交流し合う中で，「昔の山野の中でも『山野小学校の歴史』について詳しく知りたい。総合的な学習で昔の山野小学校のことを調べて，これからの山野小学校のことを考えたい。」という課

題を持った。

(イ)「苦手のインタビューをどうしてもしなければ。」

インタビューでは，話すことや聞いたことをまとめてメモしなければならない。メモすることの苦手な子どもたちであったが，調べる活動を進めていく中で，参考資料が少ないために卒業生へのインタビューをするしかないことが分かってきた。そのため，知らないたくさんの地域の方にどうしてもインタビューをせざるをえないことになった。必然の場となったのである。

そして，子どもたちのやりたい活動（山野小学校の歴史を知るためにインタビューする活動）と教師の思い（インタビュー活動をすることで「話す・聞く力」をつけたい）を重ねることができたのである。

(ウ) インタビューをした。学んだ。

実際に自分たちで地域へ出かけ，インタビュー活動を繰り返した。何度も失敗をしたが,そのたびによりよいインタビューの仕方を学んでいった。

例）◇相手の話を引き出せるような話し方が分かった。

- 自分たちは，こうなんだけど。○○さんが小学生の時は，どうでしたか？　〔自分のことを語って，相手のことを聞く〕
- 昨日，聞いた方は，こう言われたのですが。○○さんは，どうでしたか？　〔他の人の答えの例を出しながら聞く〕

◇限られた時間の中で行うためには，質問を精選して尋ねる順番を考えておくとよいことが分かった。

◇すぐには思い出せない方もおられるので，事前に聞きたいことを知らせておくとよいことが分かった。　など

体験活動において「生き生きと活動する場」は，具体化しやすい。次のように考えて，「場」づくりをした。①今，子どもが何を必要としているのかを見極め，子どもたちに必要感を持たせられる「話す・聞く・読む・書く」活動を組織する。②生活体験・自然体験・社会体験できる地域を，子どもたちが「生き生きと活動する場（実の場)」とする。学習における「生き生きと活動する場」は，地域を対象とする学習の中で実現させたいと考えたのである。

総合的な学習等の体験活動の場は，「生き生きと活動する場」の設定をつくりやすい。それは，活動が子ども自身の興味・関心から出発しているからである。この体験活動で得た感動や発見・疑問などが，自分のやりたいこと〈課題〉のもとにつながっていくと考えている。

生きて働く言葉の力は，子どもたちにとって必然性のある「場」で主体的に言語活動を行うことによって育つのである。

このために，「～せざるをえない場」をどう作っていくかが，単元構想の中で重要なポイントとなる。子どもたちにとって「生き生きと活動する場」になるために，まず，その言語活動の場が，子どもたちにとって本当にやりたくてたまらない場（子どもにとっての必然の場）になるようにする。次に，その活動と教師のつけたいと考えている力を重ねて学習計画を立てる。活動の過程で「～しちゃだめ。」「～しなさい。」など教師の思いが出過ぎると，子どもの主体性は弱まる。子どもの側に立ちきれるかどうか私たちの教育に対する姿勢（子ども観・授業観）が問われる。また，子どもが壁にぶつかった時，教師としてどれだけ支援としてのアドバイスや方向性を示してやれるか，そのための力量を高めるための努力が常に求められる。

②「生き生きと活動する場」の条件

「子どもにとっての必然の場」になるよう次のことを考慮し，単元構想をする。次に示す観点は，お互いの実践の中で生まれてきたものである。

《表現活動が「必然の場（生き生きと活動する場）」になるための観点》

ア．目的意識を持たせる
　　→　何のために表現するのか目的をはっきりさせる。
イ．相手意識を育てる
　　→　伝える対象など相手をはっきりさせる。
ウ．内容を明確にする
　　→　何を話すのか，どのように話したいのか，何を書くのか，どのように書きたいのかなどの内容をはっきりさせる。
エ．活動のイメージを持たせる
　　→　学習活動（単元全体・各時）の見通しをもたせる。
オ．自分を意識させる
　　→　個人の目標や評価の観点を持たせる。

ア．目的意識を持たせる

実践を通して学習活動の目的について考えてみると，目的にもいろいろあることに気づかされる。低学年では，単元名「保育所との交流会で発表する」や「やさいパーティーをしよう」といった活動そのものが，子どもたちにとって目的になっている。高学年では，単元名「地域の方に学校の行事のことを教えてあげよう」という活動を通して，人前で話すのが苦手な子がそれを克服しようという目的をもって活動している。こうしたことから，目的意識には，次の三つのことがあるのではないかと考えた。

（A）活動そのものを意識すること（学習活動そのものが目的になる）
（B）自分にとって何のための活動なのかを意識すること
（C）活動を通して自分につけていく，伸ばしていく力を意識すること

さらに，これら（A）～（B）の具体的内容は，発達段階に応じて異なる。例えば，低学年では，「保育所との交流会で発表する」という活動だけに目的意識をもてば，意欲的に学習することができる。しかし，高学年においては（B）（C）のことも考えて学習することが大事になってくる。「地域の方に学校の行事のことを教えてあげる。」という活動は，地域の方とのふれあいを大事にしていくことにつながっていくのである。そのためには，どうすればよいかを考えさせること（B）。学校のことを教えてあげるという活動を通して，知らない相手に分かるように話す力など自分につけていきたい力，伸ばしていきたい力を一人ひとりにしっかりもたせること（C）。これらによって初めて活動に対して意欲がもてるようになるからである。こうしたことからこのような（B）（C）ができるようにするためには，子どもの必要感に根ざした価値ある活動を仕組むことが必要となる。つまり，何のために活動していくのかということを子ども自身が自覚していることが大切だと考えるからである。

低学年　（A）楽しそうな活動だな
　　　　　　　↓
高学年　　　　その活動の（B）意義，目的（何のための）
　　　　　　　　　　　（C）どんな力をつけるか（言語表現）

５年生の単元名「地域の人口減から考える」では，「地域の人口がなぜ減っているのか」という疑問から出発した。どんな学習をしたいのか考えながら学習計画を作る中で学習の意味付けをしていった。

学習の目的をはっきりさせて取り組むことによって，子どもたちは，自分から進んで工夫したり難しいことに挑戦したりできた。また，目的意識を一人ひとりによりはっきりもたせるためには，子どもが自分で相手にわかるまで学習の目的や内容を伝える活動も有効であった。

こうしたことから，目的意識をもたせることは，「自ら学ぶ力」の中の学習意欲や課題発見力にかかわるだけでなく，中・高学年では自分がどのような学習をするのか考える（学習構想）上でも役立つことが分かった。このことから，はっきりした目的意識が学習構想力を高めるのではないかと考える。

（１０７ページ，２０００年度の実践「地域の人口減から考える」の実践を参照）

イ．相手意識を育てる

誰に伝えるのか，伝える対象など相手をはっきりさせることで，表現方法，内容が明確になる。

「伝える」という表現活動における相手意識の捉え方をみていくと，次の三つのことにまとめられる。

（ａ）相手がいること
（ｂ）相手を知ること
（ｃ）相手にあった表現の内容を考えること

誰かに何かを伝えようとするとき，（ａ）から（ｃ）のことは全て，それぞれの学年の発達段階を踏まえて捉えなければならないものである。（ａ）の相手がいただけではいけないし，（ｂ）の子どもが相手のことをどれだけ知っているかが大切である。知っている情報をもとにして（ｃ）の相手にあった表現の内容を考えることができるのである。

例えば，保育所の子どもたちに，学校のことを教えてあげるという単元の設定である１９９９年１年「小学校のことを教えてあげよう」の実践においては，相手が保育所の子どもたちである（ａ）。

この時，１年生は，保育所の子どもたちが学校のことを全く知らないと考えている（ｂ）。全く知らない子どもたちに図書室のことを教えてあげようとするとき，「本を借りるときは，代本板を使います。」から始まる文では，相手に伝わらないことが分かる。そこで，「図書室は，本がたくさんある部屋です。この部屋では本を読んだり，借りたりします。」といった前置きがあってから，「本を借りるときは，・・・。」という表現の内容になってくる（ｃ）。

このように，（ａ）だけではなく（ｂ）の相手についての情報がどれだけあるかを踏まえ，発達段階に応じて（ｃ）のどこまで表現させるのかを教師自身が具体的に捉えておかなければならないのである。

また，このように相手を意識させることによって，次の（A）～（C）のようなことができるようになってくるのである。

（A）表現意欲が高まる。 （B）表現の工夫をしようとする。 （C）人間関係が深まる。

子どもにとって，誰かに話したい，伝えたいという気持ちをもつことは，表現意欲につながっていく。そして，相手に分かってもらいたいという気持ちが無意識に自分なりの表現の工夫につながっていく。自分のもっている力をフルに活用して，相手に分かってもらおうとする子どもたちの姿を大事にしたい。それは，仕方なく考えているのではなく，子ども自らの意思の結果だからである。

ウ．内容を明確にする

子どもたちが興味・関心を持ち続け意欲的に継続的な取り組みを進めていくためには，やりたいことの内容をはっきり持たせることがとても大切である。まず，テーマは何なのか〈追求していく課題〉，つけたい力は何なのかを持たせる。そして，何を話すのか，どのように話したいのか，何を書くのか，どのように書きたいのかなど，内容を具体的にはっきりと持たせることが大切である。。

テーマがなかなか持てなかったときに取り組んだ実践例を紹介する。

「こんなことを調べたい。でも，具体的にテーマ（課題）が持てない。」そんな時，内容を具体化するための手立てとして，ウェビングを行った。思いつくままに知っていることや分からないことを書いていく。さらに，クラスで交流することでたくさんの内容が出てくる。そのため，具体的にテーマについて考えることができるようになった。

テーマが大きすぎて具体がもちにくいときなど，一度ウェビングでいろいろな考えを出し，そこから具体的なテーマを見つけるのも一つの方法ではないかと考える。

一人ひとりがテーマをもつまでのステップ

○　かかわる・ふれる　〔体験活動〕
　　↓
知識が増える　〔興味・関心が高まる〕
　　↓
○　ウェビングによって　（知識を整理する／比較する）
　　↓
別の角度から見る
　　↓
○　課題が見つかる〔疑問・したいこと・もっと深めたいことなど〕

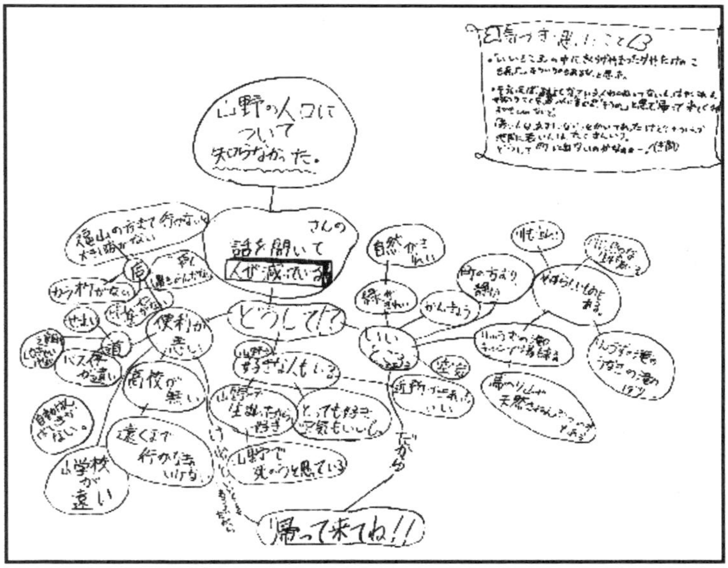

《２０００年度の５年単元「地域の人口減から考える」の実践から》

エ．活動のイメージを持たせる

活動内容の明確化とともに，単元全体や各時の学習活動の見通しを持つことも大切になる。そこで，子どもたちにそれぞれの活動のイメージを持たせることで，主体的に活動ができるようになっていくと考える。

どのような学習にするのかイメージするとき，活動のイメージ化には，次の二つがあると考える。作品のイメージ化（活動の結果出来上がるもの＝作品）と，学習計画（学習の進め方）のイメージ化である。

作品のイメージ化をさせるために，実際の物（カレンダー，広告など）にふれる機会を仕組むこと，教科書など教材文を活用すること，てびきやヒントカードなどの支援が効果的である。

学習計画のイメージ化では，低学年は１学期に先生と一緒に学習計画を考える。２学期は，１学期の計画表を参考に考えさせる。高学年では，大まかな計画を立てておき，活動を進めていく中で新たに書き加えたり修正したりして，自分で学習を進められるような支援が必要である。どの学級にもゴールへの道すじがはっきりと分かる計画表が教室に掲示してある。自分たちの学習の進み具合が一目で分かるようにしている。いま自分は，ここをやっているんだという目的意識が明確になるとともに，主体的な学習活動につながる。

作品のモデルや学習計画について，常時児童の目に触れ，意識できるように展示・掲示の工夫をすると，児童が自分で学習を進めていくために大変有効である。

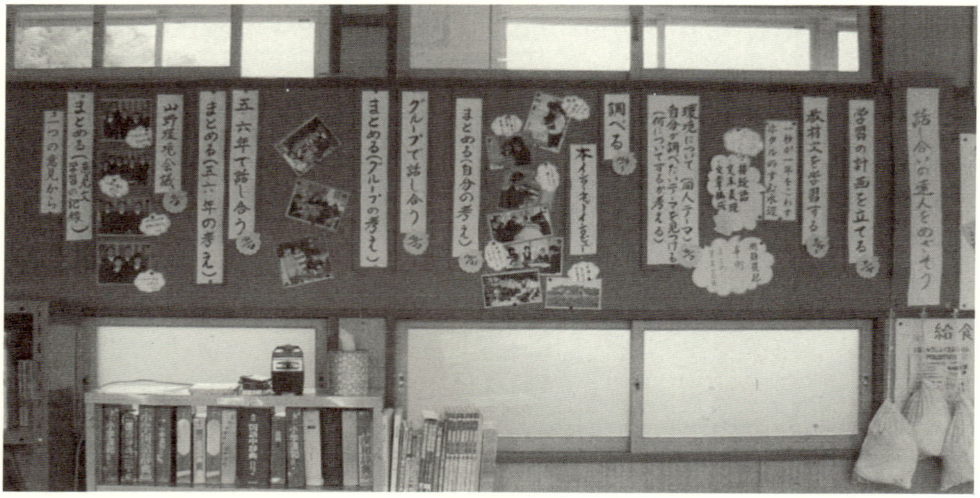

《学習計画表》

オ．自分を意識させる

個人の目標や評価の観点を持たせる。

（Ｐ３５の（３）自ら学ぶ力を育てる自己評価力の育成を参照）

（2）学びたくなる学習内容と方法の工夫

子どもの側から出発する授業で一番問題になるのは，子どもの興味・関心を生かした学習内容を組織することである。言語表現活動を目標にして，学習内容やゴールに向けての学習活動をいろいろに仕組んでいく。だから，その目標は，子どもの興味・関心の高いものであることが大事である。

私たちは，『子どもの興味・関心は，教師が育てていくものだ。』と考えている。

例えば，突然，「ごみ探検隊になりましょう。」と言われても子どもたちは，なかなかやる気にならない。興味・関心を持つためには，その基盤となる情報を持っていなければならない。知らないことには，興味はわかない。新聞の切り抜きを何週間も続け，「今日は，なかった。」「今日は，あった。」と環境問題に関心を持って毎日見続ける。「いろんな新聞を読むと，先生こんなことがあるんだね。こんな環境の問題があるんだね。」「こういうことをテレビで言っていたけど，あれは何だろう。」「本で見たけど〜。」というように，たくさんの話題や情報が教室の中にあふれてくる。先生からの刺激をもとにしてやっているうちにおもしろくなる。そこで，「環境問題について，考えてみたい。」というような要求が出てくる。

興味・関心は，このように情報が与えられながら，ある程度自分でやり関わってみる時間がいる。ひとつの単元を仕組もうと思ったら，少なくとも1ヶ月ぐらい前からその種まきをしていくようにしている。

子どもの興味・関心に添い，つけたい力がつく単元構成をするために次のような学習内容や方法の工夫を行なった。

まず，子どもたち個々の学習状況（興味・関心・思考のタイプ・学習スタイル・持続性）等をしっかりとらえる。その上に，私たち支援者が子どもたちにつけたい力や育てたい力（願い）を重ねて単元をつくり上げていく。そうすることによって，子どもたちは意欲的に学ぶことができると考えた。一斉授業ばかりをしていては，生活経験も学習経験も異なる子どもたち一人ひとりの力を伸ばすことは難しい。子どもたちが主体的に学習できるようにするためには，自ら進んで，読んだり書いたり，話したり聞いたりする言語活動を位置づけることが大切であると考えた。

そこで，次のようなことに配慮して単元を構想していく。

①　子どもの興味・関心を生かす
②　体験活動を取り入れる
③　子どもと共に学習計画を立てる
④　さまざまな学習形態を工夫する
⑤　多様な学習方法を取り入れる
⑥　豊かな表現方法を工夫する

①　子どもの興味・関心を生かす

子どもの実態をしっかり捉え，興味・関心，学習の好みなどをつかみ次のようなことを大切にしたいと考えた。

◎　体験活動を通して，興味・関心を育てていく。

教師が，地域の中で意図的に体験活動をさせる。そうすると，子どもたちは，身近なことから多くの感動や発見，疑問をもつことができる。とかく教師は，子どもがはじめから興味・関心をもっていると思っている。しかし，私たちは，興味・関心は育てていくもの，種を植えていくものであると考えた。育てていくものだからこそ学習内容をつくっていくことができるのである。山野小学校では，体験を先にもってきている実践が多いのは，子どもの興味・関心を育てて生かしていくためである。

ここでの体験活動の内容は，次のようなものが考えられる。

○　理科や社会科，生活科などの教科から興味・関心をもったことを発展させる

◇地域の生き物調べ，地域の地図作り

→ 単元名「ふしぎいっぱい山野の自然」（３・４年，理科＋社会）

・生き物新聞づくり

・生き物の本づくり

・生き物マップづくり

（２００１年実践，３・４年単元「ふしぎいっぱい山野の自然」では，理科の「あたたかくなると」で校外の生き物の観察を

行ったり，社会科で「地図作り」をしていていろいろな生き物と出会ったりして，地域の生き物への興味・関心が高まり，校区の生き物探検をしたいという子どもたちの希望から始まった単元である。４９ページ参照。）

◇ごみとすみよいくらし（３・４年，社会）

→ 単元「ごみ探検隊が行く」

・ニュースにして発表

◇虫を採ったり飼ったりする活動（２年，生活）

→ 単元「むしむしクイズだいしゅうごう」

・虫のクイズを作って，クイズ大会

○　児童会活動から興味・関心をもったことを発展させる

◇米作り　→　単元「私たち農事暦」（６年）

・もち米を作りながら農事暦をつくる

◇野菜作り　→　単元「野菜作りと畑の生き物を調べよう」（６年）

・畑にくる生き物を調べ新聞にする

◇老人宅訪問　→　単元「地域の人口減から考える」（５年）

・調べたことから意見文を書いて地域の人に読んでもらう。１０７ページ参照。

○　行事（野外活動，子ども祭り，発表会　など）

このほかにもさまざまな体験活動を組み合わせることで，子どもたちの興味・関心を育て，追求していく課題が明確になる。また，学ぶ意欲が高まったり，工夫して表現しようとする意欲も高まったりして，実際にできた作品や発表の中にも体験が生かされる。

◎　教師が意図的に仕組む。

教師側がこんな活動をさせたいと考えたことに興味・関心をもてるように，さりげなく単元学習の活動に関係した本や作品などを教室に置いておく。また，図書室や廊下に先輩の作った本や新聞を掲示する。

◎　他の学年の活動を見て学ぶ。

他の学年の活動を見て興味・関心をもたせたり，参考にしたりする。

特に，大きい学年の活動を見て，自分たちも大きくなったら，やってみたいと思う。

（２０００年実践，３・４年単元「カイコ日記をつくろう」では，１・２年生の時，上級生がカイコを育て観察しカイコ日記をつけているのを見て，「楽しそうだ。自分たちも３・４年になったら，是非やってみたい。」と思っていた。はじめから子どもたちの強い希望により取り組んだ単元のひとつである。９３ページ参照。）

②　体験活動を取り入れる

単元の中に，子どもたちにとって本当にしたいと思える体験活動を取り入れることは，「～したい。」「もっと，～をこうしたい。」という子どもが育つことにつながる。それに，次の４点のことが言えるのではないかと考えた。

○　体験活動を通して，興味・関心を育てていくことができる。

○　自分の追求課題を持つことができる。

○　生きて働く言葉の力を育てることができる。

インタビュー活動や知らない人にお願いする，友達と話し合うなどの生き生きと活動する場ができ対話能力が付き，語彙数を増やすことができる。

○　「もの」と「人」と「こと」との関わりをもつことによって，

（ア）関わり方を学ぶ。

（イ）見方，考え方を広げ，感じ方を豊かにする。

ことができる。

③　子どもと共に学習計画を立てる

◎　学習計画の立て方

１．ゴールを何にするか決める。（○○をして，どうする。○○のためにこうする。）

実の場の構成要素で述べた，目的意識，相手意識，内容の明確化を明らかにし，ゴールを何にするか決める。（テーマが大きすぎて具体がもちにくいときなど，一度ウェビングでいろいろな考えを出し，そこから具体的なテーマを見つける）

2．活動のイメージ化を図り，目的と活動を明らかにした学習計画を立てる。

◎　学習計画を立てる力を育てる

発達段階に応じて学習計画を立てる力を育てていくことを目指している。

・低学年　→　先生と一緒に考える。

・中学年　→　まず自分で考え，みんなと先生の力を借りる。

・高学年　→　自分たちの力で考える。

④　さまざまな学習形態を工夫する

学習計画を立てる中で，課題（テーマ），調べ方，伝え方（表現方法），自分のつけたい力などを考えて学習形態を選択する。また，必要に応じて一斉，グループ，個別，テーマ別などに学習形態を変えていく。

例）・　グループ（テーマ別にどんな活動をするか話し合う）

↓

・　個　別（調べる）

↓

・　グループ（テーマ別に調べたことをまとめる）

↓

・　一　斉（調べたことを交流し合う）

学びあいの場づくりの実践例

ある年の実践では，次のようなかたちで学びの場をもった。

低学年では，２人組での話し合い活動を続けて取り組んだ。１人で考えたものを２人組で交流し，必要ならば学級で話すという場を作っていった。中学年では，３人グループで物語作りをおこなった。考えを出し合って話し合うのにちょうどよい人数であった。内容のぶつかりがあり，お互いにしっかり話し合えた。高学年では，クラス全体での交流会を多く持ち，それが学び合いの場となった。

⑤　多様な学習方法を取り入れる

自分の課題（テーマ）を追求，解決していくためにどんな調べる方法があるのか考える。どんな力が必要なのか，自分のつけたい力は何なのか考えたうえで調べる方法を自分で選択する。

・　インタビュー（地域のよく知っている人，専門家など）

・　電話，手紙　，本，インターネット，記録―ビデオ・写真

⑥　豊かな表現方法を工夫する

伝える目的，相手，内容，自分がつけたい力によって，子どもたちが表現方法を選択する。

◎　伝え方

・　新聞，広告
・　本
・　ビデオ
・　ポスター
・　ポスターセッション
・　劇
・　ホームページ
・　プロジェクター（パワーポイント）

など

◎　書き方

・　物語，詩
・　説明文
・　クイズ形式
・　なりきり作文風（キャラクターになりきって）
・　ニュースキャスターの原稿
・　劇の台本

など

《プロジェクター（パワーポイントで作成）を使って発表 》

（3）自ら学ぶ力を育てる自己評価力の育成

「評価の工夫」は，私たちの実践の大きな課題である。それは，指導と評価が一体のものであるからである。評価が曖昧であるということは，指導の曖昧さを意味する。評価には，自分がどんな子どもを育てようとしているのか。その単元でどんな力を育てたいのか全てが出ている。

私たちは，子どもたちの「自ら学ぶ力」「言語による自己表現能力」を育てていくことを願って実践を積み重ねている。子どもたち一人ひとりにとって「やってよかった」「やればできる」「もっとやりたい」という次の学習へのエネルギーを育てる評価。そんな評価の工夫をめざしてきた。

①　自らの学習を振り返らせる

授業の終わりに自らの学習を振り返るとき，今日は，「とてもよくがんばった」，「中くらい」，「だめだった」というような自己評価ではなく，「こういうことをがんばった」というような具体を書くことを大切にしている。それは，その具体を見つけるために，今日の時間○○をしたなあ，ということを思い返すことになる。そのことが，学びを身につけることになると考えているからである。

例えば，「今日は，先生がこういうふうに言って，○○というねらいで，△△の学習活動をすることになり，自分は，これをやると決め，この本を持って来て読み始めた。けれど，ここのところがうまくいかなかった。ずいぶんここのところで時間を取ってしまって，半分もできなかった。」という経緯があって，今日は，あんまりがんばれなかったと振り返る。
がんばれなかったという結果ではなく，「自分が選んだ資料がむずかしすぎたために時間を取りすぎた。だから，もっと資料を選ぶ時には，気を付けなければいけない。今度は，こういうふうにしたい。」と考えていく子どもに育てていきたい。

形式的な評価だけでは，結果だけを意識してしまい自己評価がえてしてマイナスの機能を持ってはたらいてしまうことになる。過程を大切にした自己評価にならない。

人間は，自分のすべてを振り返ってひとつ，ひとつを反省することはなかなかできない。しかし，その中で特に印象に残っていることがある。「ここをがんばってきた。」「ここが楽しかった。どうしてかなと思うと，こういうことは自分は得意なんだ。」というような自己評価ができるようにしていきたいと考えている。

学習計画の段階で，ゴールを明確化するだけでなく，自分の「めあて」を具体的にもたせ，自分なりの目標をもって活動できる子どもに育てていきたいと考え取り組んでいる。

現在，本校は，主に次のような内容を取り組んでいる。

【 低学年 】

	〈具体例〉
○　めあてを持って学習する 1年　・教師がいくつか示してその中から ↓　　選択する 2年　・自分で考える 　　　（学習活動の内容に合わせて） 　　　・友だちのめあてを聞いて考える	〔大きい声〕 ・教室の端まで聞こえる 　声で ・廊下まで聞こえる声で
○　めあてについてどうだったか 1年　・教師が観察して評価の仕方を教える ↓ 2年　・○ ○ ○ マークをぬる 　　　　その理由を自分で書ける 　　　・聞いて教師が書く	〔できなかった〕 ・ドキドキして言えなかった ・言うことを忘れてしまった ・はずかしかった 〔できた〕 ・口を大きく開けて言った ・息をいっぱい吸って言った ・「大きな声でよかったです」 　と友だちにほめてもらった
○　次の時間のめあてを考える 1年　・自分のがんばり，友だちのがんばり ↓ 2年　・次はこれをがんばりたい 　　　　自分で書ける 　　　・よさに気づく	

【 中学年 】

○　振り返りに書く観点を示す
　・カードにして，いつも見えるようにする
○　観点の中で特に中心的に見るものに印をつけて意識させる
　・意識した観点が書ければよい
　　　　↓
○　具体で書くことの指導

【 高学年 】

○　振り返りに書く観点を示す ○　すべての観点について毎時間書く ○　具体で書くことの指導 ↓ ◎　授業の内容や自分のつけたい力に合わせて 特に大切な観点を選んで，軽重をつけて書く

②　学習記録を育てる

子どもたちの学習が自分の中でつながるためには，「こういう目標で，こういう計画でいく。」「いま自分は，こういうことをやっている。」という毎時間の学習が積み重なっていく。それがきちんと整理されていって，「この時間が少しむずかしかった。だから，今度は，ここのところへ来たら先生によく相談してみよう。」というふうに，自分で自分の学習をコントロールしたり，高めたりしていくことができるような学習記録にしていきたい。

自己評価とともに，そのような学習記録を育てていくと，一人ひとりの子どもたちの見えない部分が見えるようになる。

例えば，「あの子は，頭の中で何を考えていたんだろう。あの子は，今日何をしてたんだろう。やっぱり書いていることが何もない。」ということもある。「同じように黙っていたけれども，学習記録を見るといっぱい書いてある。あの子は，しっかり考えていたんだ。」同じように発言がなかった子でも学びが大きく違う。一人ひとりの学習の成果や問題点，よいところを見つけるためには，学習記録を育てることがとても大事である。

高学年でも単元でつけたい力をはっきり持たせて学習を進めることで，児童が自分自身についた力を捉えることが身について来ている。また，児童一人ひとりが，各時間の具体的な評価目標を明らかにし，評価活動を入れながら学習記録をとることによって，自己評価力が高まってきている。そして，自分が学習した内容を詳しく書き残す学習記録ができる子も増えてきている。次は，特に大切な観点を選んで，軽重をつけて書くステップに取り組んでいきたいと考えている。また，低学年からの指導の継続によって自分を振り返って学習記録を書く力をつけていくことをさらに充実させていきたい。

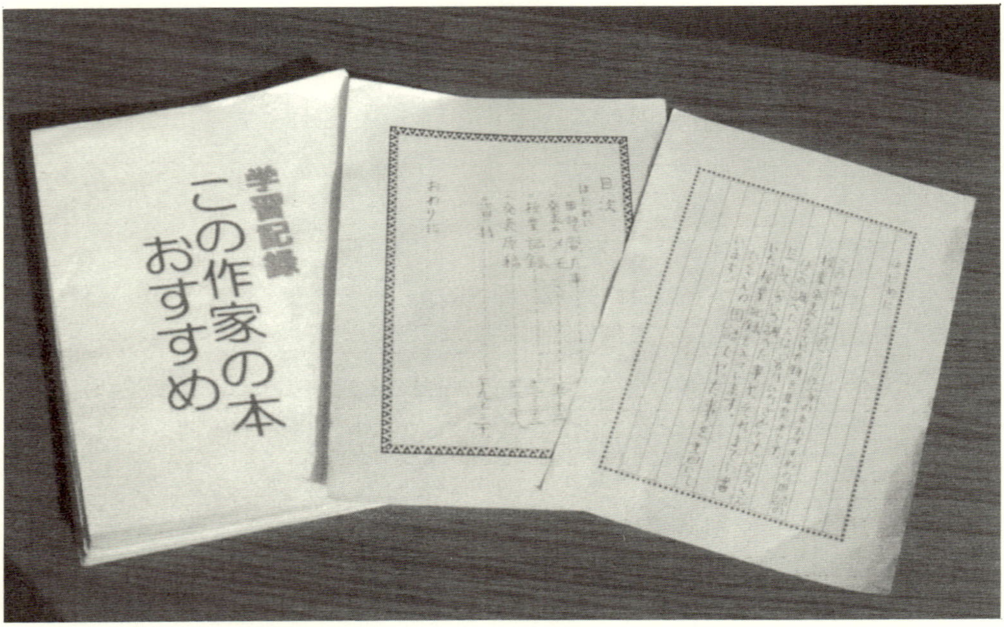

《前書き，あとがき，目次なども入った『学習記録』》

2．単元学習の授業づくりのポイント

（1）子どもの実態，興味・関心をしっかり捉える

○　国語科でつけたい力についての実態を捉える。

・この単元の学習で身につけさせたい力は何か。今までの学習でついている力は何か。また，どんな力が不十分なのか。

○　どんな言語活動を好むかを把握する。

・今までの学習の発展。または，今までに経験していないもの。

○　子どもたちのやりたい活動と教師のつけたい力が重なる活動になるように興味・関心を育てる。

・子どもたちの興味・関心を育てながら，学習活動へと導くこともある。

【単元名「21世紀に伝えようみんなの山野小学校」の場合

・子どもたちは，昔の山野に興味を持っている。　**（興味・関心）**

・子どもたちは，今までに一方的に地域の方へ考えを発表したり，地域の方へみんなで質問するような場の経験はあるが，双方向のインタビュー経験は少ない。　**（学習経験）**

・子どもたちの中には，インタビューをしてみたいという子もいるし，知らない大人と話すのは苦手だからいやだなと思う子もいる。　**（児童の好む活動）**

・子どもたちは，自分たちの学習を本にして残してみたいという思いが強い。本にするためには，しっかり調べないと中身が乏しくなる。　**（児童のしたい活動）**

・教師は，年間通じて話すこと・聞くことの力を高めたいと考えている。　**（教師がつけたい力）**

・１学期には，自分たちのお願いを地域の方へ伝えに行く活動を仕組み，自分が事前に考えたことなら相手に伝わるように話せるようになってきている。　**（できていること，不十分なこと）**

・老人宅訪問でまず，知りたいと思ったことを尋ねて自分が調べたいテーマを持つなど，活動を積み重ね，新しい発見をすることで，昔の小学生の暮らしなどに興味・関心が高まるようにする。　**（興味・関心を 育てる）**

〈２１ページ　「(ァ) 子どもの思いや願いから出発した～したい場」参照〉

（２）単元でつけたい力と評価のポイントをはっきりさせる

○　年間計画の中で見て，その時期につけたい力は何かをはっきりさせる。

・単元全体の評価計画。評価規準の表を作成する。

○　学年のテーマにせまるために,児童につけたい力は何かをはっきりもつ。

・つけたい力に対しての児童実態は，学習の中でどうかかわっているか。

○　いま一番気になる子につけたい力は何かをしっかり捉えておく。

・集団で見るだけでなく，個を追って，観察することも必要である。

【単元「わたしたちのくすの木物語」の場合】

・「書く力」の個人差が大きく，年間通してこの力を育てたい力として考えていた。１学期には，社会科の学習と関連させ，『ふれあいプラザ探検誌』を作った。見学で見つけたことをメモしておき，文の中に入れることで，分かりやすく書くことができた。２学期は，感じたことや考えたことを入れて，物語文を書かせたいという教師の願いがあった。国語科の教材にも物語作りがある。　**（年間計画との関連）**

・くすの木について調べたり，くすの木の下で遊んだりする中で，五感を使って感じたことやそのとき考えたことをメモするようにした。そのメモを物語作りのヒントに使った。

（物語作りへの意欲づけ　くすの木への思いを育てる）

・物語作りに必要な要素についての学習や，言葉集めをした。また，読書によって物語に親しむため，本の帯を作って掲示する「本の帯の木」をつくった。　**（物語についての学習や意欲づけ）**

・物語作りの構成のためのカードや，文を実際に書く場面でのヒントカードなどを作った。苦手意識をもっている子がつまずきそうな所を予想して支援の計画を立てた。実際の授業を進める中でも児童の様子を細かく分析し，評価を返し，ヒントカードの見直しも行った。

（つけたい力に対しての児童実態の分析と評価，支援）

〈７９ページ　１９９７年３・４年「わたしたちのくすの木物語」参照〉

（３）どのような言語活動が適切か考える

○　児童の実態に合った活動を仕組む。

・子どもの興味・関心を生かした活動は何かを考える。

・つけたい力が身につくような活動を考える。
・今まで経験したことのない活動を考える。
・今まで経験したものを発展させた活動を考える。
・価値のある活動（特に，高学年になると子どもにとって意味づけができる活動）を考える。

○　ゴールが子どもにイメージできるもの。
・どんな作品ができればよいのか。どんな活動ができればよいのか。具体的に児童につかませる。

○　読む・話す・聞く・書くの領域がいろいろ使えるようなもの。
・読むだけ，書くだけ・・・というよりも，組み合わせることで相互に力をつけることができる。

○　自己選択の場を入れる。（比べるのではなく，互いが認められるように）
・自分が選んだ活動だから最後までやりきれる。

【単元「小学校のことを教えてあげよう」の場合】

・保育所との交流会がある。そこで，小学校のことを知らせる活動をしたい。交流会のことを１年生の児童は，とても楽しみにしている。
（楽しめる活動）
・今まで，保育所で小学生がいろいろなことを教えてくれた経験がある
（活動がイメージできる）
・どういうことをどのように話すのか，書いたり，読んで練習したり，覚えて発表したりといろいろな言語活動ができる。
（さまざまな言語領域の組み合わせ）
・小学校の何について知らせたいのか自分たちで考え，自分がどこを紹介するか自己選択できる場がある。自分だけが担当なのできちんとやり遂げられる。　**（自己選択の場，自分だけで責任もってする場）**

〈２５ページ　「イ．相手意識を育てる」参照〉

※　単元を作る際に，はじめに考える項目は，前述の（1）（2）（3）のどれになるか，児童の実態，単元の内容や教師の意図によって違ってくるが，これら３つの項目を大切にしながら大まかな単元構想をもつ。

その後，以下の項目について細かな点を考え，単元計画を立てていく。

（４）どんな「生き生きと活動する場」を仕組むか考える

○　「どうしてそのことをしないといけないの？」という思いでは，子どもは自分では動かない。

（興味・関心を育てる）〈３０ページ　「①子どもの興味・関心を生かす」参照〉

○　何のためにするのかをはっきり持って学習が進められるようにする。

（目的意識）〈２４ページ　「ア．目的意識を持たせる」参照〉

○　できたものをだれに見せたいのか，聞かせたいのかはっきりさせる。

（相手意識）〈２５ページ　「イ．相手意識を育てる」参照〉

○　どういうものにしたいのか（作品，活動のイメージ）を子どもがはっきり持ち，そのためにはこれをしないといけないと自分から進んで学習するようにしくむ。

（活動のイメージ化）〈２７ページ　「エ．活動のイメージを持たせる」参照〉

○　なにをどのように話すのか，何をどのように書くのかなど内容をはっきりさせる。

（活動の明確化）〈２６ページ　「ウ．内容を明確にする」参照〉

（５）全体の流れが分かる細かい指導計画を立てていく

（単元構想，評価，支援など）

○　子どもの側に立ってしっかり考えておく。子どもたちと学習を進めて行く中で変わってくることもある。(計画表の作成，計画の見直し・変更)

○　評価活動が大切。だれに・どのような形のものを・どれぐらい評価してもらえるかということが，次の活動を意欲的にしたり，だめにしたりする。

（６）学習のてびきを準備する

○ 学習の方法や流れがわかるてびきをつくる。

・学習計画表や，ステップ別の評価カードなど

○ 個人的な支援のてびきをつくる。

・文の書き方や話し方など必要に応じて選べるヒントカードなど

※　教師がこの単元でどんな力をつけたいのかをはっきりさせておくことによって，評価規準，評価基準を持つことができる。単元全体の子どもの動きまで見通すことによって（６）までを作成することができ，すべての単元学習指導案ができたといえる。

（７）学習指導案の解説（２００２年度の形式）

本年度，本校で使用した国語科学習指導案の形式です。指導案を書くときの参考にしてください。

国語科学習指導案

１．単元づくりの工夫

（１）　仮説

（学校全体の仮説を受け，各学年の児童の実態に応じた仮説を立て，記述する。）

（２）仮説の評価（検証の視点）

（各仮説を文節ごとのまとまりに切り，児童のどの活動で評価するか,どのような活動ができていたら仮説が成り立つと言えるか，評価の仕方について記述する。）

（３）単元の工夫

○（「生き生きと活動する」場になるように，どのような工夫を行うかを記述する。）

・（「目的意識」，「相手意識」，「内容の明確化」，「活動のイメージ化」，「自己評価」をどのように設定するかを書く。）

○（どのような相互評価，自己評価の活動を行うかを記述する。）

２．単元の計画

（１）学　年　　第　学年（　名）

（２）単元名

（３）時　期

（４）単元設定について

○ 児童観

○ 単元観

○ 指導観

（５）単元の目標と指導構想

（単元のおおまかな流れを図示する。各次の予想される児童の思いをふき出しで記述し，意識の流れが分かるようにする。）

子どもの興味・関心と言語の力

・（単元の内容につなげられる子どもの興味・関心）

・（単元のねらいに関わる言語の力の実態）

教師の願い

・（本単元の学習においてめざす児童の学習の姿，つけたい力）

第一次

単元名：「　　　　　　　　　　」

学習活動

・学習のねらい

単　元　目　標

◎ 重点目標

○ 目標

3．評価規準

（１）単元の評価規準

国語への関心・意欲・態度	
話す・聞く力	
書く能力	
読む能力	
言語についての知識・理解・技能	

（２）指導計画と観点ごとの評価規準　全　時間

次	時	形態	主な学習活動	評価規準（評価方法）						支援・留意事項
				関意	話聞	書	読	言語	評価規準（評価方法）	
			○各次の学習活動 ・各時における主な学習活動	各時間で評価する項目に○，重点をおいて評価する項目に◎をつける。					・評価規準と評価する方法	・教師の支援の仕方「～できるように，～する。」 ・留意すべきこと。

4．本時の指導計画

（1）目標

（単元のねらいを受け，本時で特に目指したいねらいを記述する。）

（2）展開

段階	学習活動 予想される児童の反応	支援	評価（評価方法）
つかむ	・児童の学習活動 ・予想される児童の反応	・学習における教師の支援 「～することにより，～できるようにする。」	・児童のどのような行動により評価するかを書く。 「～している。」
ふかめる			
まとめる			

（3）評価

（本時の目標を何により評価するかを記述する。）

5．参考文献

（単元の実施にあたり，教師が参考にした図書。　本の題名 編著者名 出版社名 発行年　の順に記述する。）

6．学習材

（単元の学習において，児童が活用した図書。　本の題名 編著者名 出版社名 発行年　の順に記述する。）

本来の指導案には，学校教育目標，学校全体の研究主題，研究仮説を受け学年目標を記していますが，この本では紙面の都合上省略しています。また，毎年，指導案の改善をしてきたので，年度により少しずつ形式が異なっています。そのため，実践年度によりその形式，使用記号等が異なっています。

第 3 章

子どもが主体的に学ぶ授業の実際

ふしぎいっぱい山野の自然 ～生き物探検パート2～（3・4年）

むかし むかし やまのでね ～かみしばいやさんになろう～（1年）

地球の環境を新聞に書こう（5年）

見たい・やりたい・みんなに見せたい・話したい。そんな子どもの思いを大切に単元づくりを行った。

子どもの興味・関心が持続するよう，またさらに大きく膨らむよう様々な学習形態を取り入れた。

子どもが主体的に活動するための手立て，活動を学びに深化・統合させるための手立てなどを工夫した単元である。

体験活動をもとに自分の思いや考えを生き生きと

指導者　石塚裕人

単元　　ふしぎいっぱい 山野の自然　〈3・4年〉
～ 生き物探検　パート2 ～

生き物の大好きな子どもたちは，「地域の生き物についてもっと詳しく知りたい。」という気持ちを持っていました。その興味・関心を大切にして，調べて分かったことをみんなに教えてあげたいという意欲にまで高め，学習活動に取り組む中で「自分の思いや考えを生き生きと表現できる力」を子どもたちが身につけていけるように工夫していった単元です。

１．単元の計画

（１）　学年　第３・４学年　１８名　（３年１２名　４年６名）

（２）　時期　２００１年　１０月 ～ １１月中旬

（３）単元設定の理由

○　子どもたちは，生き物が大好きで，１学期の総合的な学習の時間に校区の生き物探検を行い，探検活動を通して特に興味を持った生き物についてくわしく調べていった。そして，調べて分かったことを壁新聞にまとめ，新聞を使ってみんなに発表も行った。

探検活動では，多くの生き物や地域の人と楽しい出会いがいっぱいあり活動への興味・関心を高めることができた。調べる活動では，本やインターネットを使ったり，生き物について詳しい地域の人を見つけて聞きに行くなど，意欲的に取り組んだ。そして，壁新聞を作る活動では，集めた多くの情報の中から自分の伝えたい内容を選び，限られた紙面にどう表現したらいいか，見出し，写真，絵，説明の文などをそれぞれのグループが工夫し，協力して取り組んだ。しかし，短い文章にまとめること，読みやすい字で書くこと，全体のレイアウトがうまくいかなかった。何度もやり直し大変であったが，粘り強く取り組んだ。

壁新聞を使ってのみんなへの発表は，緊張して少し声が小さくなったり，早口になったりした子もいた。しかし，人の前に立つとなかなか話せなかった子が，最後まではっきりと発表でき自信を持つことができた。みんなに，「知らなかったな。」「よく調べたな。」などの感想やアドバイスをもらい，子どもたちはとても喜び満足していた。

２学期も生き物について調べ，みんなに伝えたいと意欲満々である。

○ そこで本単元では，１学期の経験を生かし，秋の山野の生き物のふしぎを見つけて調べ，自分が分かったこと，思ったこと，考えたことをみんなに伝えていく活動にしたいと考えた。伝える方法は，子どもたちの一番やりたいと思っている本づくりにして，子どもたちの大好きな生き物についてさらに追求し，みんなに伝える活動を通して，自分の思いや考えを表現する力を付けていきたい。

○　指導に当たっては，探検活動で見つけた生き物のふしぎ（疑問）を大切にし特に絞って深く追求させていきたい。そして，何を伝えたいのかをはっきりと持たせ，自分の思いや考えを入れた文章表現のある本にしたいと考える。また，１学期の失敗から学んだ，字を間違えずにていねいに読みやすく書くことの大切さを意識させ，日頃の授業の中で書く技術の習得もはかり，本作りに生かしていきたい。

また，学習活動の最初に，この活動の各過程でどんな力をつけたいのか明らかにする。そして，毎時間つけたい力を目標にして取り組み，自己評価，相互評価などを取り入れ自分の活動を振り返る（振り返りカード，ワークシートなどに記入して活動に生かしていく）力をつけていきたい。

《校区の生き物探検で
神社の杉の大木にびっくり！》

２．単元づくりの工夫

（１）仮説

○　探検活動を通して，生き物のふしぎと出会い，自分なりの疑問を持ち調べる活動を持つことで，調べる方向性が明確になり自分の思いや考えを持つことができるであろう。そして，調べて分かったことの中から，何をみんなに伝えたいのかをきちんと持つことで，自分の思いや考えを表現する力も育てることができるであろう。 ○　子どもたち一人ひとりが，活動の過程の中でつけたい力にあった目標を持ち，適宜自己評価や相互評価を行うことで，いま自分にどんな力がつき，これからどんな力を付けていけばよいかを考える力が育つであろう。

（２）授業における工夫を次のようにする。

①「生き生きと活動する（実の場）」については，

○　自分たちが調べて作った「山野の生き物のふしぎ」の本を学校や地域のみんなに読んでもらう活動を「生き生きと活動する場」とする。

・本を作ってみんなに読んでもらう。（目的意識）
・学校や地域のみんなによろこんでもらう。（相手意識）
・何を一番伝えたいのかはっきり持って，まとめる。（内容の明確化）
・１学期の活動経験を生かして，無理のない計画を立てる。（活動のイメージ化）
・毎時間，学習活動の目標を持ち，活動を振り返る。（自己評価）

② 学習内容や方法については，

○　校区探検を行い，自分の調べる方向性を明確にする場を設定する。
○　調べ方やまとめ方などで困っていることを出し合う場を設定する。

③ 評価については

○　つけたい力を目標にして取り組む。

・学習活動の最初に，この活動の各過程でどんな力をつけたいのか明らかにする。
・毎時間つけたい力を目標にして取り組み，自己評価，相互評価などを取り入れ活動を振り返る。
・振り返りカード，ワークシートなどに記入して活動に生かしていく。

3．単元の目標と指導構想　全２８時間

子どもの興味・関心
- 山野の生き物探検をしたい
- 山野の生き物地図を作りたい

つかいたい力
- 疑問に思ったことやくわしく知りたいことを調べる力
- 必要な資料を集める力

教師の願い
- 感じたこと，考えたことを自分の言葉で表現してほしい。
- 地域のよさを知り，さらに好きになり大切にしていってほしい。

第一次　②

校区探検の学習計画を立てよう
- どんな探検をするのか決めよう。
- 学習計画を立てよう。

第二次　⑭

単元名：「校区の生き物探検」パート２　をしよう
（秋の山野の自然のふしぎを考える）

校区の生き物探検をしよう
- 秋の山野のいろんな生き物をみつけたいな。

校区の生き物調べのくわしい計画を立てよう
- ○○についてくわしく調べたいな。
- 調べ方の計画を立てよう。

秋の山野の生き物についてくわしく調べよう

第三次　⑪

みんなに伝えたいことを決めて本をつくろう
- 伝えたい内容をしぼろう。
- みんなに分かりやすいように工夫しよう。

学級のみんなで交流しよう（中間発表会）
- どう思うかな。どんなアドバイスをもらえるかな。
- どんな工夫をしているかな。どんな発表をするのかな。

みんなの意見を聞いて直そう
- もっとみんなに楽しんで読んでもらえるようにしよう。

第四次　①

生き物の本を学校のみんなに読んでもらおう
- みんなに楽しんでもらおう。

単　元　目　標

◎　ねらい
- 地域の自然や人々のすばらしさに気づき，大切にしていこうとする心を育てる。

○　自ら学ぶ力
- 読み手を意識して，読みやすくていねいな，間違いのない字で 書く。
- 自分の伝えたいことをしっかり持ち，自分の思いや考えの入ったまとめができる。
- 聞き手を意識し分かりやすい自分の言葉で話すことができる。
- 自分の取り組みを振り返ることができる。
- 友だちの頑張ったことを振り返ることができる。

4．授業の計画

（1）指導計画　全２８時間

次	時	形態	主な学習活動	評価項目（方法）	支援・留意事項
一	2	一斉	○校区探検の学習計画を立てる。 ・何の探検をするのか決める。 ・全体計画を立てる。	・どんな探検をするのか，みんなの意見をまとめて決めることができたか。（観察） ・学習計画を立てることができたか。（計画書）	・全員がなっとくできる決め方ができるように助言する。 ・前回の学習活動を振り返り参考に大まかな全体計画を立てるように助言する。 ・コース別の細かい計画を立てやすいように参考になる本などを用意しておく。
二	14	一斉	○校区の生き物探検をする。	・積極的に生き物を見つけることができたか。（見つけた生き物を記入した地図）	・事故予防のため事前に安全指導をしておく。 ・探検に必要なものを準備しておく。（地図,カメラ,図鑑，など）
		班	○くわしく調べる生き物を決めて，計画を立てる。 ・調べ方について交流する。	・くわしく調べる計画を立てることができたか。（ワークシート） ・友だちの調べ方のよさに気づいたか。それを自分たちの計画に生かすことができたか。（観察・計画書）	・何をどうやって調べるのか具体的な方法がみつからないときに支援できるように本などの資料を用意しておく。
			○自分の調べたいコースに分かれて，調べる活動をする。	・必要な情報を集めるために，話す，聞く（インタビュー），本を読む，インターネット，資料を活用するなどの活動ができたか。（観察・振り返りカード）	・パソコン(インターネット)デジカメなどが使えるように準備しておく。
		一斉	○「物語が大好き」の本を読んでお話作りについて学習する。短い物語の内容分析もする。	・物語作りのポイント，手順を理解することができたか。（ワークシート）	・子どもたちの好きな短い物語を使って内容分析ができるように，本を事前に集めておく。
三	11 本時 6/11	班	○みんなに伝えたい内容を決めお話をつくる。	・みんなに分かりやすいようにまとめ方を工夫して取り組むことができたか。（ワークシート）	・伝えたいことは何なのか，絞っていけるように助言する。
		一斉	○中間発表会（本時） ・つくったお話を学級で交流する。	・自分たちがつくったお話を発表し，友だちの意見を聞くことができたか。 ・友だちにアドバイスができたか。（発表・観察）	・発表するときのめあて，聞くときのめあてを持ってできるように助言する。 ・友だちのお話の内容や表現方法などの工夫点を見つけることができるように助言する。
		班	○みんなの意見をもとに推敲する。	・友だちの意見を参考に，みんなに分かりやすいように推敲できたか。（作品，観察）	
四	1	一斉	○学校のみんなに発表する。（休憩時間を使って） ○感想文などをもとに学習を振り返る。	・自分たちの思いを伝えることができたか。（観察） ・自分たちの発表を聞いての感想文を読んで次の活動に生かせるように，考えることができたか。（振り返りカード）	・聞き手の反応を確かめながら発表するように助言する ・感想文の読む観点を明らかにして振り返りができるように助言する。。

（２）本時の目標

○ 調べて分かったこと，考えたことなどを聞き手に分かるように話すことができる。

○ 話し手の工夫点や改善点を考えながら聞くことができる。

○ 友だちのアドバイスを生かして取り組むことできる。

（３）本時の展開

段階	学習活動	評価	支援
つかむ	○中間発表をして，感想を出し合うことを確認する。また，自分のめあても確認する。	・本時にすることを確かめられたか。（観察）	・事前にカードに記入しておく。
ふかめる	○グループごとに山野の生き物について調べて分かったことなどを発表する。	・自分のめあてを意識し取り組んだか。 ・聞き手を意識して，分かりやすい内容ではっきりと話せたか。 ・友だちの工夫点や改善点を考え，簡単なメモを取りながら聞くことができたか。（観察）	・５分以内とし，１分前に呼び鈴を鳴らして，残り１分間であることを知らせる。 ・友だちの工夫点や改善点を見つけることができるように助言する。
	○発表の感想を交流する。	・友だちの発表のよいところ，改善点を一つでも見つけられたか。（カード，発言）	・うまくいかず，こまったことなどあれば出し合うよう助言する。
	○本作りの続きをする。	・友だちのいいところや助言を生かしているか。（観察）	
まとめる	○本時の学習を振り返る。	・めあてにそって，自分を振り返れたか。（カード）	・次の活動に生かせるように具体的に書かせる。

5．授業の実際と仮説についての考察

（1）授業の実際

① 校区探検の計画を立てよう

○　「山野の生き物のふしぎ」を調べて本をつくる。

２学期は，”生き物探検２”を行い，本をつくることになり全体計画を立てた。また，本作りは，３人のグループでするといろんな考えを出しやすく，活動しやすいので，３人グループで行うことに決めた。

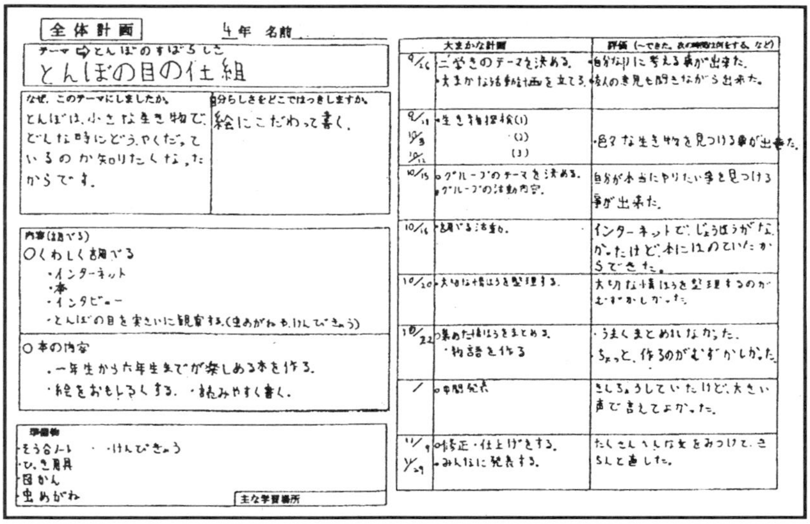
全体計画　4年　名前
テーマ⇨とんぼのすばらしさ
とんぼの目の仕組
なぜ，このテーマにしましたか。
とんぼは，小さな生き物で，どんな時にどうやくだっているのか知りたくなったからです。
自分らしさをどこではっきりしますか。
絵にこだわって書く。
内容（調べる）
○くわしく調べる
・インターネット
・本
・インタビュー
・とんぼの目を実さいに観察する。（虫めがねや，けんびきょう）
○本の内容
・一年生から六年生までが楽しめる本を作る。
・絵をおもしろくする。・読みやすく書く。
準備物
・そう合ノート　・けんびきょう
・ひっき用具
・図かん
・虫めがね
主な学習場所

	大まかな計画	評価（～できた。次の時間は～をする。など）
9/26	・ごやきのテーマを決める。 ・大まかな活動計画を立てる。	・自分なりに考える事が出来た。 ・友人の意見も聞きながら出来た。
9/11 10/3 10/11	・生き物探検(1) (2) (3)	・色々な生き物を見つける事が出来た。
10/15	・グループのテーマを決める。 ・グループの活動内容。	自分が本当にやりたい事を見つける事が出来た。
10/16	・調べる活動。	インターネットで，じょうほうがなかったけど，本にはのっていたからできた。
10/20	・大切な情ほうを整理する。	大切な情ほうを整理するのがむずかしかった。
10/22	・集めた情ほうをまとめる。 ・物語を作る	・うまくまとめれなかった。 ちょっと，作るのがむずかしかった。
/	・中間発表	きんちょうしていたけど，大きい声で言えてよかった。
11/9 11/29	・修正・仕上げをする。 ・みんなに発表する。	たくさんいろんな文をみつけて，さらんと直した。

《全体計画表》

② 山野の生き物探検をしよう

○　特に，注意して見たい生き物を決めて，秋の山野の生き物を調べて回った。１学期と比べたり，新しいコースも歩いたりした。

６グループに分かれて探検した。

グループ	探検後に詳しく調べた主な内容
昆虫	トンボ（食べ物，目のはたらき，水から陸へなど）
両生	カエル（体の色を変える，食べ物，水から陸へなど）
は虫	トカゲ，ヤモリ（しっぽを自分で切る，足の吸盤 など）
動物	サル（畑の野菜を食べる，母ザルが小ザルを大切にするなど）
魚	ウナギ（食べ物，数が減っているなど）
木	森（木を調べていて，森が生き物にとってとても大切な働きをしていることを知ったので変える。）

５月とは違う生き物と多く出会い，特に木や草，虫の違いに気づくなどいろいろな発見をしながら楽しく活動ができた。そして，特に詳しく調べていきたい疑問や内容をはっきりと持つことができた。

③ くわしく調べよう

１学期は，生き物に詳しい地域の人を探して聞くことが多かったが，２学期は，１学期にうまく使いこなせるようになったインターネットでよく調べた。しかし，必要な情報が思ったより少なく，しだいに調べたい生き物について詳しく書いてある本を探して調べるようになった。

④ みんなに伝えたいことを本にしよう

○ 説明文から物語へ変更

はじめ「山野の生き物のふしぎ」を本（説明文）にしようと計画していたが，学校のみんなに伝えたいことは何か話し合ってみると，どのグループも「みんなに山野の生き物を大切にしてほしい」と考えていることが分かった。また，物語の本にしたいと希望するグループが６グループ中５つ出た。そこで，森のグループひとつだけが説明文の本にすることになった。（全体計画の修正）

〔変えた主な理由〕

・物語の本をよく借りて読んでいる児童が多い。

・前学年で物語作りを経験している。

・興味を持って詳しく調べた生き物を主人公にした物語を作りたい。

○ 物語作りについて学習しよう

「物語が大好き」（桑野徳隆　著）の本を読んで**物語作りのポイント**について学習した。１学期に国語の時間に学習した『つりばしわたれ』を例にして，分かりやすく説明してあり，人物，事件，解決，変化などについて楽しく学習できた。

物語作りのポイント（本をもとに子どもたちと確認）

物語	→	誰かが何かに出会い，変わっていく姿。
人物	→	人間と同じように考えたり，行動したりするもの。
事件	→	変わったできごとや困ったできごと。
解決	→	アイデアのおもしろさ。
変化	→	作品の価値が見える。

対立する人物を登場させるとおもしろくなる。

・自分の好きな物語を選んで，内容のよさを見つける。

自分の好きな短い物語を図書室や家の本の中から選んで，ワークシートに人物，事件，解決，変化，作者の伝えたいことの視点でまとめた。

・見つけたことを交流する。（内容分析の力をつける。）

自分の選んだ好きな物語をみんなの前で読み，自分の分析を発表し，みんなの意見を聞くというやり方で交流した。自分の分析のよいところ，不十分なところを教えてもらった。そこで，物語の分析能力を高めることができた。

○ 物語を作ろう

物語作りの手順（本をもとに子どもたちと確認）

① 主な登場人物とキャラクターを決める。
② あらすじを書く。事件，解決，変化の中で生き物の特性（ふしぎな力など）を使う。また，伝えたいことが分かる内容にする。
③ 下書き（詳しい内容）を書く。場面にあった挿絵も描く。
④ あとがきを書く。（本を書いた動機，伝えたいことなど）

どのグループも，どんな事件が起き，どうやって解決していくか，いろいろなアイデアを出し合ってお話を作っていった。３人の意見がなかなか合わず苦労しているグループには，お互いのよいところを認め合うように助言していった。予定より時間をかけじっくり話し合わせた。森のグループは，森の働きのすばらしさを紹介する説明文なのでスムーズにあらすじはできたが，もっとおもしろい本にしようと考え，下書きの段階で登場人物を入れて物語風に書き換えていった。下書きができると，挿絵はあっというまに出来上がった。生き物探検や調べ学習がベースにあったので，子どもたちは，お話を考えながら絵のイメージを頭に描いていた。

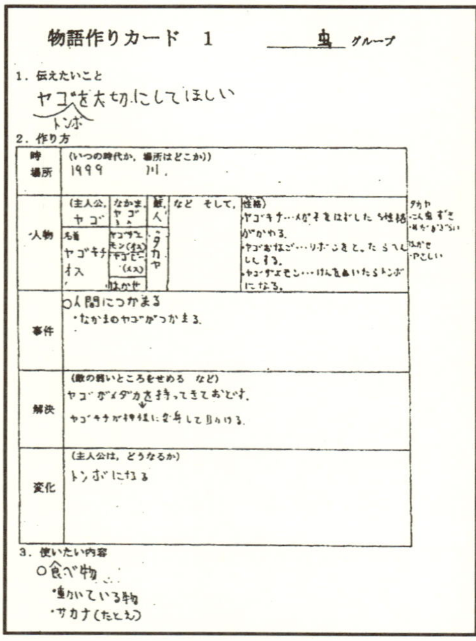

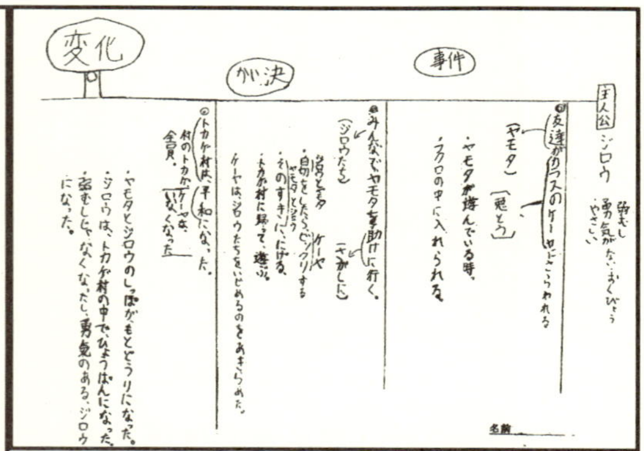

《物語の構想を練るカード》

⑤ 学級のみんなで交流しよう（中間発表会）

○　紙芝居風にして発表し，みんなのアドバイスをもらう。

自分たちが苦労して作ったお話だけあって，少し緊張していたが大きい声で，登場人物の気持ちになって読み方を工夫しながら発表できた。聞き手も楽しんで聞いていたので，おもしろいところ，いいところは言え，事件，解決，変化，伝えたいことの四つの視点での分析はできた。しかし，他のグループへ「～したらもっとよくなるよ。」などのアドバイスが少なかった。自分たちのことで精一杯であった。

【中間発表会の内容一覧表の一部】

題名	『にげる　みんな』	『森を救う』	『つかまったヤゴ』
事件	トカゲたちが，カラスのケーャに捕まる。	洪水でとなりの町が流される。	ヤゴの友だちが人間のタカヤにさらわれる。
解決	しっぽを使ってやっつけた。しっぽを投げつける。	自分の町の森の木が洪水を防いでくれることを知り安心する。	友だちのヤゴキチがトンボの神様になって助ける。

変化	ジロウは，弱虫。不幸でこわい村。	トリボウが心配する。	ヤゴは，こわがりでちょっと臆病。
	ジロウが強くなり村が平和になった。	みんな安心する。森のすばらしい働きを知ることができた。	勇気のあるトンボの神様になる。タカヤが優しくなる。川がきれいになる。
伝えたいこと	勇気を出すことは，大切だ。	森を大切に。森のすばらしさ。森は，大切な働きをしている。	ヤゴとトンボを大切にしてほしい。川をきれいにしてほしい。
アドバイスなど	解決のアイデアがよい。自切の言葉の説明がいる。（自切：自分でしっぽを切ること））	１立方メートル，石像など難しい言葉の説明を入れるといい。（注釈）	神様に変身したのがよかった。

つかまった
ヤゴ
一九九九年の春。
山野川にヤゴキチと言う名前のトンボの子どもがいた。ヤゴキチは大きな目をした、こわがりでちょっとおくびょうな子どもだ。三びきの大好きで仲良しな友達がいた。
ある日のこと、いつものように仲良く三びきで、川の中を泳いでいた。すると突然、人間のタカヤと言う少年　がやって来て、友達のヤゴ　二ひきを捕まえてしまった。

《子どもたちが作った本「つかまった ヤゴ」の表紙と１ページ》

⑥ みんなの意見を聞いて直そう

○ みんなの意見を基にして，推敲する。

原稿の清書をして読み直すと，表現の不十分なところが多く見つかり，何度も書き直した。また，他のグループの人にも読んでもらい，文末表現や句読点，言葉の不十分なところなどに付箋を貼り記入してもらい，少しでもよくしていこうとねばり強く推敲していった。

⑦ パソコンを使って，本にしよう（計画を変更し，３学期に取り組んだ。）

○ ローマ字を覚え，パソコンを使っての本作り。

推敲は終わったが，挿絵と本文のレイアウトにかかる時間を考えると，文字を手書きでするよりパソコンでした方が短時間でできると考えた。また，紙，インク代など印刷の費用も安くできる。３学期に，ローマ字の学習を行いパソコンのローマ字打ちで作った。本にかかるお金をできるだけ少なくして，挿絵をカラーにし全員の作品が載ったひとつの本を作った。出来上がると，「時間がかかって苦労したけど，いい本ができてよかった。」「本物の本のようだ。」など子どもたちは，とても喜んだ。さらに，たくさんの人から「いい本ができたね。」「おもしろかったよ。」「生き物を大切にしていこうと思ったよ。」などいっぱいほめてもらって大喜びであった。ねばり強くがんばってよかったと満足していた。

本作りをするという目的があったので，休憩時間や放課後も使ってローマ字打ちの練習に夢中で取り組み，予定より早く物語を打つことができた。しかし，レイアウトに時間がかかった。ローマ字を覚えて使うことは，ローマ字学習のとてもよい生き生きと活動するの場（実の場）となった。

《物語をパソコンで
作っているところ》

（２）仮説についての考察

①「生き生きと活動する場（実の場）」の工夫・「興味・関心」に沿うような工夫について

探検活動を通して，生き物のふしぎと出会い，自分なりの疑問や興味を持つことで，調べる方向性が明確にできたか。

子どもたちは，５月とは違う生き物と多く出会い，木や草のちがいに気づくなどいろいろな発見をしながら楽しく活動ができた。そして，特に詳しく調べていきたい疑問や内容を明確にすることができた。

《おいしそうなアケビだよ！
サルも好きかな？》

自分の思いや考えを持つことができたか。

自分の調べる方向性を明確に持って調べていく中で，生き物のふしぎについて分かり，生き物のすばらしさを知り，ますます好きになっていった。そこで，自分の思いや考えを持つことができた。

調べて分かったことの中から，何をみんなに伝えたいのかをきちんと持つことができたか。

子どもたちは，探検活動や調べる活動を通して，「みんなに山野の生き物を好きになってほしい，大切にしてほしい」という自分たちの強い思いを全校のみんなに伝えたいと思った。最初の計画では，山野にすむ生き物のふしぎを詳しく調べて説明文の本にする予定であった。しかし，（１）授業の実際④で書いたように，読書好きで物語の大好きな子どもたちは，自分たちの思いを伝えるのに物語が一番いい方法だと考えた。ほとんどのグループは，特に好きになった生き物が，主人公となって活躍する物語にした方がいいと考えた。

自分の思いや考えを表現する力を育てることができたか。

物語作りでは，三人の考えがうまくかみ合わず苦労した。けれど，時間をかけてじっくり話し合うことで，納得のいくお話ができた。中間発表会も三人が，工夫し協力してできた。また，学校のみんなに読んでもらおうと考え（相手意識），１年生にも分かりやすいようにしようと言葉を選び，漢字には読み仮名も付けるなど表現の工夫ができた。

自分たち以外のグループに対するアドバイスは，考える余裕がなくあまりできなかった。推敲，清書は一学期の新聞作りほどではないが，何度もやり直した。やはり，基本的な書く技術をもっと高めていく必要を感じた。

時間は，予定より多くかかったが，創作した物語で自分たちの思いを表現することができた。

② 自己評価を高める工夫について

子どもたち一人ひとりが，活動の過程の中でつけたい力にあった目標を持ち，適宜自己評価や相互評価を行うことができたか。

全体計画を立てたあと，活動のステップごとに自分のつけたい力について考え，評価活動を行った。しかし，後半の活動の遅れや学校行事のこども祭りの準備での中断などで，実際の活動の中で，意識することが少しずつ薄れてしまった。

全体的には，振り返りカードを使うことで，自分のやるべきことの確認ができ，集中して取り組むことができた。また，活動を振り返ることで次の時間の活動を考えることができてよかった。

しかし，短時間で活動を振り返ることは，むずかしかった。総合の時間だけでなく，他の教科の時間でも行って，もっと自分の活動を振り返る力と習慣を身につけさせていきたい。

いま自分にどんな力がつき，これからどんな力をつけていけばよいかを考える力を育てることができたか。

総合学習でめざす「こうなりたい自分」のワークシートを使い，各学習ステップごとに，自分につけたい力を考えて取り組めるようにしたいと考えた。全体計画の評価との連動や活動の変更に伴う計画の修正がうまくできなかった。また，３・４年生には少しむずかしい様式であった。発達段階にあった形式のワークシートの改善が必要である。

６．成果と課題

（１）成果

・探検活動を通して，自分の調べる方向性が明確になることで，調べる活動が意欲的になるだけでなく，自分の思いや考えを持つことができた。
・何をみんなに伝えたいのかをきちんと持つことで，意欲的にお話作りの構成や表現の工夫をすることができた。
・三人のグループで活動したことで，三人の考えがうまくかみ合わず苦労することもあった。けれど，お互いの考えを出しやすく，あせらず時間をかけて話し合うことで，本の内容をよくすることができた。
・最後に，パソコンを使って本を作ったことで，カラー印刷ができ読みやすくきれいな本ができ，時間の面でもよかった。また，ローマ字学習の実の場となりよかった。子どもたちは，よい本ができたと，自分たちのがんばったことに満足できた。
・文章の表現力，内容については，まだ不十分なところが多いが，本をたくさんの人に読んでもらって，自分たちの思いを伝えることができたことをとても喜んでいる。

（２）今後の課題

・しっかり時間をかける活動と，短時間で進むべき活動をもっと意識して，計画の変更や活動の支援を行うべきであった。また，活動計画を変更した後の確認をきちんとすべきであった。
・推敲や清書にまだ時間がかかりすぎるので，書く技術をもっと高めていく必要がある。日頃のノート，日記指導などの充実をはかる必要がある。
・つけたい力を意識して取り組めるような発達段階にあったワークシートの改善が必要である。
・評価活動を充実させるために，総合的な学習の時間だけでなく他の教科の時間でも，もっと自分の活動を振り返る力と習慣を身につけさせていきたい。

・ローマ字学習にもっと早くから取り組み，推敲の段階からパソコンを使ってもよかったとも思える。(時間の短縮になる。)

・話すことに自信がついてきた子もいるが，まだ自分の考えと違う質問をされると困ってしまうことが多い。いろいろな場面に対応した話す力をつけていく必要がある。

7．参考文献

・「物語が大すき」桑野徳隆 大西道雄・山本名嘉子(監)　岩崎書店 １９９７

・「小学校の総合学習の考え方・進め方」加藤幸次・佐野亮子　黎明書房 １９９９

・「総合的学習への挑戦１８ 教科と総合の調和 教師の支援のポイントはこれだ」神戸大学発達科学部付属住吉小学校　明治図書出版 ２００１

8．学習材

・「物語が大すき」桑野徳隆 大西道雄・山本名嘉子（監修）　岩崎書店 １９９７

・「ドキドキワクワク生き物飼育教室３ かえるよ！カエル」久居宣夫（監修）　リブリオ出版 ２００１

・「科学のアルバム １４ カエルのたんじょう」種村ひろし　あかね書房 １９７９

・「こどものたのしいかが オタマジャクシの尾はどこへきえた」山本かずとし　大日本図書株式会 １９９８

・「学習自然観察 カメ・カエルなど 両生類・は虫類の飼い方」富田京一（監修）　成美堂出版 ２０００

・「小学なぜなぜふしぎサイエンス ２動物のふしぎ」今泉忠明・鈴木省吾（監修）　学習研究 １９８９

・「科学のアルバム８ ニホンザル」西川治　あかね書房 １９８９

・「魚もたべる」杉浦宏　フレーベル館 １９８６

・「科学の読み物 生きている森」宮脇紀雄　宮脇昭　文研出版 １９９０

・「小学なぜなぜふしぎサイエンス ８ 木のふしぎ」清水清　鈴木省吾（監修）　共同印刷 １９８９

想像を広げながら読む

指導者　木坂奈保子

単元　　むかし むかし やまのでね　〈1年〉
～かみしばいやさんになろう～

読み聞かせが好きな子どもたちは，平仮名や片仮名，漢字の習得にともない，自分で本を読もうとしていました。その興味・関心を大切にし，生活科などと関連付け，体験を通して学習を進めることによって，文字に対する抵抗感を少なくしていけるよう工夫した単元です。

1．単元の計画

（1）学年　　第1学年（5名）

（2）時期　　1997年　10月～11月上旬

（3）単元設定について

○　本学級の児童は，お話を読んでもらうことが大好きである。お昼の校内放送でかかるお話のテープに耳をかたむけ，「どうなるんかなあ。」，「その言葉は何。」，「遠くまでいったんなあ。」といったつぶやきをしながら聞いている。また，教師による読み聞かせも，朝の会の時間などを使って，常時行っている。絵をじっと見つめて聞き，思わず笑ったり，驚いたり，つぶやいたりしながら物語の世界にひたることができる。

しかし，自分でお話を読むとなると，話が長いものを読むのは嫌がったり，文字を読まずに，挿絵でお話の内容を想像してすませたり，一つ一つの文字は読めるが，語や文としてのまとまりで読むことができないがために文字に対する抵抗感から読むことを嫌がる実態がある。

そこで，「紙芝居屋さんになる」という活動を通して，相手を意識し，語や文としてのまとまりを考え，はっきりとした発音で読む力を付けていくことにより，文字に対する抵抗感をなくしていくことができるのではないかと考え本単元を設定した。

○　本単元は，紙芝居屋さんになって，山野の昔話である「綿を食うおろち」を保育所の子どもたちに伝えに行くという実の場を設定する。「綿を食うおろち」を読み，これを場面ごとに様子や心情を思い浮かべながら，紙芝居にまとめていき，出来上がった紙芝居を読む練習をするといった活動を仕組んでいく。

今までの読み聞かせや教科書教材「おむすびころりん」，「大きなかぶ」といった日本の昔話，世界の昔話を学習していく中で，昔話のもつ語り口のおもしろさや想像上の動物の登場，また，それらが語り合うおもしろさを味わってきた。こうした昔話で山野に古くから伝わっているものを読んだり，書いたりすることは，文字に対する抵抗感を示す児童にお話を読むことへの興味・関心をもたせることができるのではないか，また，紙芝居屋さんになって，山野の昔話を保育所へ読みに行くという実の場の設定が，さらに抵抗感をなくすのに有効ではないかと考えた。

学習を進めるにあたっては，まず朝の会や読書集会，雨の日の昼休憩に行われる紙芝居屋さんが読んでくれる昔話を聞いたり，山野歴史民俗資料館へ行き，昔話にまつわる遺物を見たり，地域に住むお年寄りに山野の昔話を話の発祥の地で語ってもらうのを聞くことにより，興味・関心を育てていく。その中で，一番心に残ったことについて紙芝居屋さんへお手紙を書いたり，絵に表現したものを生活科で作っている山野の地図に貼ったりするなど次への学習につないでいく。

次に，紙芝居屋さんになって保育所へ話しに行くために，山野の昔話である「綿を食うおろち」のお話の本を全員で読んでいく。挿絵は，理解し難いだろうと思われる「大蛇（おろち）」，「戸屋ケ丸城」「社（やしろ）」だけにしておく。そして，このお話の絵になる場面を探し，その中から選んで，絵として表現していくことにより，お話の内容の大体（いつ，誰が，どこで，何を，どうした，位置関係，人数など）を読み取らせていく。また，お話を必要に応じて書き加えたり，削ったりしてお話を視写させる。

最後に，単元のまとめとして，紙芝居屋さんになり保育所へ紙芝居を読みに行く。保育所の先生や子どもたちから評価してもらうことにより，互いのがんばりを認め合ったり，次へのステップへとつなげたりしたい。

○　指導にあたっては，昔話への興味・関心をもたせるために，紙芝居屋さんのもつおもしろさや楽しさの要素の一つであるお菓子の箱の中に，お菓子の代わりにお菓子の形をしたカードにクイズの答えを書いたり，紙芝居屋さんへのリクエストカードやお手紙が書けるようなものを準備していく。また，保育所へ行くときには，昔のお菓子を箱の中に入れて行く。生活科の学習として，保育所の子どもたちにプレゼントするお菓子作りをすることにより，さらに意欲を高めていきたい。リクエストカードやお手紙は，書くことが負担にならないように，一番心に残ったことを一文程度で書かせる。

また，文字からのイメージ化ができにくい児童への支援として，お話の場面を絵に表現させるとき必要になる，人物，事件，解決，変化，時間の経過，場所の移動などが意識できるよう，お話を読み聞かせるときに声かけをする。

さらに「綿を食うおろち」を扱う学習において意欲が持続できるよう，心に残ったことを一次感想として書かせるとき，分かったカード，疑問カード，不思議カード，おもしろカード，○○さんへのお手紙カードの五つのカードに書くよう準備する。また，学習計画を立てたり，紙芝居の絵を描いたり，読みの練習をするとき，自分の思いや考えを全員の前で表現していけるよう，自分の考えをもたせる時間の確保をし，自分たちで十分な話し合いができるよう心がけていく。

《うわぁ，紙芝居屋さんだ！》

2．単元の目標と指導構想（全２０時間：国語科１０時間，生活科１０時間）

子どもの興味・関心

・「山野」に何があるのか，見付けに行き，見付けたものについて話したい。

つかいたい力

・平仮名や片仮名，既習の漢字を読んだり，書いたりする力
・拗長音，促音，撥音などの表記ができる力

教師の願い

・話の内容の大体を読み取れるようにしたい。
・はっきりとした発音で，声の大きさを考えて読めるようにしたい。

第一次　生活科⑧

「山野」の昔話を知ろう

・紙芝居屋さんの昔話を聞こう。（読書集会，昼休憩）
・山野歴史民俗資料館へ見学に行こう。
・昔話の舞台へ行って，昔話を聞こう。
・地図に山野昔話マップを付け加えよう。

第二次　国語科②

学習計画を立てよう

・山野の昔話「綿を食うおろち」を読もう。
・みんなで学習計画を立てよう。

第三次　国語科⑤

紙芝居にまとめよう

・どんな場面の絵がいるか，考えて作ろう。

第四次　国語科③，生活科②

昔話を伝えよう

・紙芝居を読む練習をして，保育所へ読みに行こう。
・保育所へのお知らせカードとプレゼント用のお菓子を作ろう。

単元目標

◎　昔話を読んだり，絵に表したりして，昔話に親しむことができる。
○　絵作りをすることによって，話の内容の大体や場面の様子を読み取ることができる。
○　はっきりした発音で，声の大きさに気を付けて読むことができる。

3．指導計画　（全２０時間・国語科１０時間・生活科１０時間）

次	時	形態	主な学習活動	評価項目（方法）	支援・留意事項
一	8	一斉	・紙芝居屋さん（校長先生）がお話しする昔話を聞く。（読書集会，昼休憩） ・紙芝居屋さんへの簡単な手紙やリクエストカードを書く。 ・紙芝居屋さん（担任）がお話ししてくれる山野の昔話を聞く。（学級集会，帰りの会） ・山野昔話の舞台になった場所へ行き，昔話を聞く。（生活科） ・山野歴史民俗資料館へ行き，昔話にまつわる遺物を見る。（生活科） ・地図に山野昔話マップを付け加える。（生活科）	・話し手を意識し，顔を見ながら話を聞いている。（観察） ・話の内容の大体を聞き取っている。（手紙，リクエストカード） ・他にもある昔話を見付けたり読んだりしようとしている。（観察） ・場所を探して，その中の一場面を絵に描いている。（絵）	・紙芝居屋さんに興味・関心がもてるように，お菓子箱を用意し，その中からお菓子の代わりにクイズの答えを書く手紙の紙やリクエストカードを出す。 ・手紙かリクエストカードかいずれか一点だけ，１文程度の文を書くようにさせる。 ・絵が描けるように，誰が，いつ，どこで，何を，どうしたかを意識するよう声をかける。 ・絵が描きにくい児童には，登場人物を探し出して，その絵を描かせる。
二	2	一斉	・紙芝居屋さんになって「綿を食うおろち」の話をするための学習計画を立てる。 ・「綿を食うおろち」を追範読する。 ・心に残った場面について話し合う。	・昔話を伝える意欲をもとうとしている。（観察） ・語や文としてのまとまりを考えながら音読している。（音読）	・自分たちで学習計画を立てられるように，日直が司会し，誰に，どのようにして伝えるのか，そのためにどんな学習がいるのか考えるよう声をかける。 ・イントネーションやはっきりした発音ができるように，声をかける。 ・新しく出会う言葉「大蛇（おろち）」や「綿の木」，「戸屋ケ丸城」，「社（やしろ）」のイメージがもてるように，それぞれの絵を準備をし，見るよう声をかける。 ・紙芝居を作ることへの意欲をもてるように，分かったカード（話の中から分かったことを書く），疑問カード（よく分からなかったことを書く），不思議カード（不思議だと思ったことを書く），おもしろカード（おもしろかったことを書く），〇〇さんへのお手紙カード（登場人物へのお手紙を書く）の五つのカードを用意し，３文程度の文で書くよう声をかける。
三	5	個別	・描きたい場面を選び，紙芝居の絵を描く。 ・描いた場面の話を視写する。	・「綿を食うおろち」の内容の大体を読み取っている。（紙芝居）	・内容の大体を読み取れるように，本文の場面分けをもとにして①人物（どんな人物が出てくるか），②事件（どんな事件が起こるか），③解決（どのようにして解決していくのか），④変化（何が始めと変わったか），⑤時間の経過，⑥場所の移動の六つの観点の意識をもつよう声をかける。 ・絵を描けるように，誰が，いつ，どこで，何を，どうしたかを意識するよう声をかける。 ・表現ができにくい児童が表現できるように，どのような絵にすればいいのか全員で相談する場の設定をする。 ・喜怒哀楽の表情も考えられる児童には考えさせ，それらを表す言葉を見付けさせながら絵にさせる。 ・必要に応じ，吹き出しを付け加えさせる。 ・書いた文章を読み返し，間違いなどに注意させる。 ・必要に応じ，自分なりの文章表現の仕方に書き直させる。
四	2	個別 一斉	・紙芝居を読む練習をする。	・はっきりとした発音で，声の大きさを考えて読んでいる。（音読） ・場面の様子を想像して読んでいる。（音読）	・どのように読めばいいか意識できるように，紙芝居の裏にメモするよう声をかける。 ・読んで聞かせる相手や読む場所を意識させる。 ・効果音などもいくらか入れさせる。 ・手振りや身振りもいくらか付けさせる。
	2	一斉	・保育所へのお知らせカードを作る。（生活科） ・プレゼント用のお菓子を作る。（生活科）	・必要なことを丁寧な字で書いている。（カード）	
五	1	一斉	・紙芝居屋さんになって，保育所へ行って紙芝居を読む。	・はっきりとした発音で，声の大きさを考えて読んでいる。（音読） ・場面の様子を想像して読んでいる。（音読）	

4．成果と課題

・　読書集会で校長先生扮する紙芝居屋さんに紙芝居を読んでもらったり，お年寄りに山野の昔話発祥の地で語ってもらったり，その話にまつわる遺物を歴史民俗資料館で見たりすることによって，児童の興味・関心を育てることができた。
・　描く場面を一人ずつ分担することによって，様々な昔話の本を参考にしながら話の内容の大体や場面の様子を読み取ることができた。
・　日頃から関わり合いのある保育所の友達に読んで聞かせたいという相手意識と目的意識をもつことによって，はっきりした発音で，声の大きさに気を付けて読むことができた。
・　日々の生活の中で，個と個の学習を高めようとする雰囲気や関わり合いの素地作りをしていかなければならない。

5．参考文献

・「まるごとわかる国語シリーズ⑤　物語が大すき」桑野徳隆　岩崎書店　１９９７
・「読売備後ライフ　１０月号～体験　紙芝居屋さん～」株式会社　読売ライフ

《児童が作った紙芝居「わたをくうおろち」》

自分の思いや考えを生き生きと

指導者　高橋恵利子

単元　地球の環境を新聞に書こう　〈5年〉

説明文に対して苦手意識のあった子どもたちに，説明文を書く力がつくことを期待して設定しました。身の回りの生き物や植物の変化から出発して，環境の変化（主に環境破壊ですが）に目を向けさせ，「大変なんだ」という気持ちを引き出し，新聞作りへと導いた単元です。

1．単元の計画

（1）学年　　第５学年（６名）

（2）時期　　１９９７年　１０月～１１月

（3）単元設定について

○　本学級の児童は，１学期から社会の動きに目を向ける学習のひとつとして，新聞を読むことを続けている。子どもたちが，興味を示した天気図の学習をきっかけとして，新聞の切り抜きが始まった。はじめは，切り抜いて貼るだけの作業であったが，そのうちに，カラー写真やその解説，興味のあることの見出しに目が向くようになってきた。夏休みの課題として新聞の切り抜きをしてきた子もいる。

文章を書くこと自体をおっくうがる子どもたちであるが，新聞の切り抜きには関心を示し，少しずつ感じたことや思ったことが書けるようになってきている。２学期には，「子ども新聞」を購入したり，新聞づくりの本を教室に置いたりしたことにより，さらに関心を示し，自分たちも作りたいと，行事新聞など楽しく作っている。しかし，まだまだ，文章より絵や写真などを好んで貼っている段階である。生活作文や説明的文章表現でも，書く事柄を整理したり，段落を区切って書いたりすることの意識は薄いというのが実態である。

そこで，子どもたちが，今，興味を持っている「新聞を自分たちで作る」活動を通して，文章表現力を伸ばすことができるのではないかと考え本単元を設定した。

○　本単元は，取材したことをもとに新聞を作り，校内や地域の人たちに紹介する学習である。この学習のねらいは，記事を書くために必要な情報を収集し，それをもとに要旨のはっきりした文章（説明的文章・意見文）が書けるようになることである。文章の内容や量，集めた資料の配置などの計画が，自分で立てられる新聞作りの利点を生かして，学習を進めたいと考えている。

まず，４月からやってきた新聞の切り抜き，簡単な新聞作りのまとめ的な学習として，新聞というものについての特徴をみんなで整理してみる。単に情報の伝達という機能だけととらえるのではなく，それぞれの新聞には訴えたいことがあるのだということの学習をし，これから発行しようとする自分の新聞にも主張のはっきりした意見文を載せることにつなげていきたい。

次に，自分の新聞のテーマは何にするか，誰に読んでもらうか，どんな内容にするかについて，これまでに読んできた環境問題に関する本のことを思い出しながら話し合いをして取材活動を始める。できるだけ多くの取材メモや資料を集め，効果的なもの，わかりやすいものが選べるようにしておく。そして，取材してから明らかになった事実を読み手にわかりやすいように構想を立てる。

さらに，意見文の書き方について学習し，自分の主張をはっきりさせ，読み手により強く訴えられるように，自分の考えを説明的文章でまとめていく。意見文を書くのは初めてであるが，新聞作りには強い関心を持って取り組んでいるので，この学習で文章を書く力を伸ばしていきたい。

最後に，単元のまとめとして，新聞を発表しあって，よくできたところや苦労したところを出し合い，お互いの頑張りを認め合いたい。

自分の新聞を発行するということは，自分で取材し，文章化し，紙面構成を考えて，ひとつの完成された紙面を作り上げることである。この学習は，自ら考えたり行動したりする力を育てることにつながる学習であると考えている。

○　指導にあたっては，子どもたちが生き生きと活動できるよう，次のことに配慮する。

テーマを決めて文章を書くということは，焦点付けてより詳しく物事を見ていく力がいる。そのために，より多くの取材メモを用意できるように，聞き取りの場を設定したり，いろいろな環境問題の本を図書館から借りて手に取りやすくしたりしておく。

また，テーマにせまるために，取材メモを整理して，重要なメモとそうでないメモに分類して使う。はじめ，なか，おわりという３つの段落の区別はつけられるようにヒントカードを用意する。

意見文という文章の書き方は初めてなので，日常のことを思いうかべながら，ワークシートで構成の仕方を学習した後で，取材した事実に対する意見文を書いていく。この時も，自分の取材メモを活用する。

新聞紙面に配置してみて、余白ができた場合には，テーマにそった内容でインタビューのことやまんがの表現や語句の説明を書いたりする。また，書き綴るうちに，書き加えたい内容が出てくる場合は，その時点で書き加えるようにする。

出来上がった新聞を発表し合う時は，事実と意見文が書かれていること，意見文には根拠となる事実が書かれていることなどを確認し合い，一つの新聞をつくりあげたことを喜び合う。

新聞発行へのステップⅢ　さあ、記事にしよう－まず、取材したことを書こう

はじめ　には、こんなことを書こう。

●なぜ、（　　　）のテーマを選んだのかというと、（　　　）だからです。
●（　　　）という本には、（　　　）と書いてありました。
●（　　　）さんのお話を聞きました。
●（　　　）へ行ってみたら、（　　　）のことがみつかりました。

なか　には、取材メモのことを二つ以上例にあげて書いてみよう。

●例えば、（　　　）なことがありました。
●また、（　　　）なこともあります。

むすび　には、まとめるとどんな現状が問題なのか書いてみよう。

●だから、
●このように、
●まとめると、

《新聞発行のための手引き》

2．単元の目標と指導構想

子どもの興味・関心

○小動物・昆虫・草花・魚など自然のものに親しみを持っているが，環境問題には関心が薄い。
○調べ学習や体験学習が好きである。
○自分たちで計画を立て実行する学習に意欲的である。
○新聞の切り抜きを継続してきて，新聞を見ることが習慣になってきている。

地球の環境を新聞に書こう

〈子どもの活動〉

第１次
「今日のトピックス」を新聞記事の中から選んで紹介し合う。

第２次
新聞記事のいろいろを知る。

第３次
自分流の新聞を作る。

第４次
作った新聞をもとに学習する。

〈つけたい力〉

○ 記事を要約してわかりやすく事実を説明し，感想と区別して言う。
○ 聞き手にわかりやすくはっきり話す。
○ 新聞を読むことに慣れる。
○ 新聞には主張があることを知る。
○ 生活の中から問題を見つける。
○ 要旨にせまる事実と意見を書く。筋道を通した組み立てで書く。
○ 推敲する。
○ 新聞作りを振り返り，工夫した所や苦労話を聞き，お互いの頑張りを認め合う。

単元目標

○ 生活の中で気づいたことをもとにさまざまな角度から進んで調べ，主張のはっきりした文章を書くことができる。（取材・記事・意見文）
○ 事実と意見を区別して述べ，相手によく分かる文章にまとめることができる。（新聞）
○ 書いた文章を読み返し，指示語や接続語に注意して，いっそう表現を練るとともに，文章の構成を正すことができる。（意見文・推敲・鑑賞）

３．単元の指導計画　全１６時間

次	時	生態	主な学習活動	評価項目（方法)）	支援・留意事項
一	2	一斉	・「今日のトピックス」を新聞記事の中から選んで紹介しあう。	・選んだわけと感想が言えたか。（ワークシート・発言）	・選んだのは，何が印象的だったからか思い出させる。（紙面上の位置・記事の内容・写真・グラフ・見出し）
二	1	一斉	・新聞についての学習をする。 ・環境問題について訴えていく方法や計画を話し合う。	・読者をひきつけるための工夫がとらえられたか。（観察・発言） ・自分たちの力で自分たちの町や地球を守ろうとする気持ちが持てたか。（発言）	・新聞の利点や工夫（短い文章を集めて構成，図や写真，見出しの特徴・トップへ置く記事の違いなど文章以外の資料を活用）に気をつけるように，これまでに読んできた新聞を思い出しながらまとめさせる。
三	2	一斉	・テーマを決める。 ・取材の仕方を検討する。		・これまでに読んできた教材文の内容を参考に考えさせる。 ・取材の仕方の例を挙げる。（聞き取り・本・電話で尋ねる・地域にある現場へ行く）
	3	個別	・取材をする。	・テーマに沿った取材をして，記事を書くために必要な事実を収集できたか。（取材メモ）	・なるべく多くの資料を集められるように別の立場から見ると，違う情報が得られることを知らせる。 ・情報を整理・配置しやすくするために，メモは１枚１項目にする。
	1	一斉	・紙面の構成について考える	・記事と資料のバランスを考えて構成できたか。（割付）	・トップニュースの位置や量，載せる資料の割合，その他のニュースの位置や量を決める。
	2	個別	・取材メモを整理して事実についての記事の下書きをする。	・テーマに沿った文章が筋道を通した組み立てで書けたか。（相互評価・記事） ・推敲・構成ができたか。（記事）	取材した事実とじじつにたいする意見文は，インタビューした事・家でやっている事・語句の説明・見てきた事・チェックカードを使って読み返してみる
	2	個別	・意見文の書き方の学習をして取材した事実に対する意見文を書く。	・意見文の特徴が分かったか。（ワークシート・意見文）	・心に感じた事を思うままにつづっていく感想文とはっきりとした主張がある意見文との区別をつけられるようにワークシートを用意する。
	2	個別	・見出しをつける。 ・読み返してみる。 ・新聞を清書して仕上げる。	・内容が分かり，しかもインパクトがある見出しを考えられたか。(相互評価・紙面) ・読んでもらいたい人に読んでもらえたか。（観察・相互評価） ・周りの人に訴えられる新聞になったか。（相互評価） ・事実としての記事があるか。意見文としての記事があるか。（紙面）	・自分の意見の根拠とした取材内容が組み込まれているかどうか確認できるように振り返りカードを見ながら，読み返してみる。 ・読む気を誘うようにするために，本の題や説明文の題のつけ方の学習を思い出させる。 ・自分たちの考えを訴える新聞にするために次の点について考えさせる。 ①目を引くための大きさや字体。 ②見出し，記事，資料，関連記事など，文字の大きさや記事の欄としての広さ。 ③紙面の余白。
四	1	一斉	・新聞を発表し合う。	・自分も取り入れたい事が言えたか。（発言）	・よさを認め合えるように，工夫した事や苦労した事を思い出させたり，これまでの新聞と比べたりさせる。

4．成果と課題

・自分たちの生活する地域にも関わりのあること（川・山・雨・大気など）だったので，興味深く取り組んだ。

・取材することは楽しいけれど，文章化するのが苦手という子どもたちで，いざ書くとなると割り付けや縦書き横書き，カットの入れ方など，紙面に制約のある中での作業は大変であった。しかし，印刷されて，自分たちの活動が発表される（公開される）ということが励みになって，どの子も生き生きと学習できた。

5．参考文献

「新聞づくり入門」大澤和子ほか（監）ポプラ社　１９９７

毎日小学生新聞

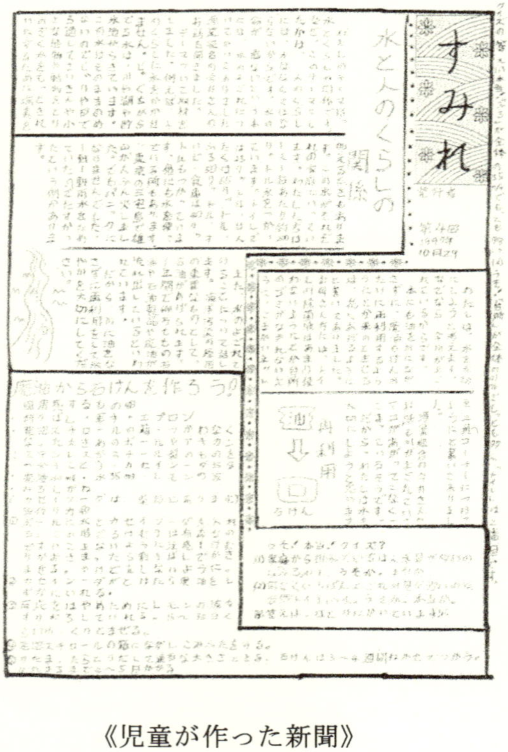

《児童が作った新聞》

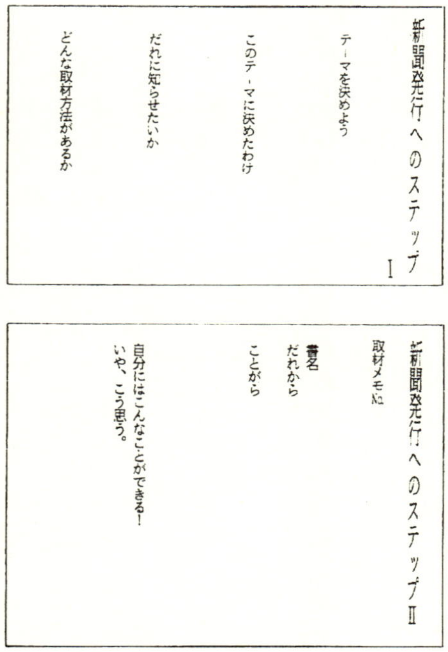
新聞発行へのステップⅠ

テーマを決めよう

このテーマに決めたわけ

だれに知らせたいか

どんな取材方法があるか

新聞発行へのステップⅡ

取材メモNo.

書名

だれから

ことがら

自分にはこんなことができる！

いや、こう思う。

《新聞発行のてびき》

第 4 章

子どもと共につくり出す授業の実際

わたしたちのくすの木物語（3・4年）

カイコ日記をつくろう（3・4年）

おもちゃハウスであそぼう（2年）

　教師も経験のないことを，子どもと話し合い，共に調べたり，観察したり，作ったりする中で，新たな発見と驚きを共有しながら授業を進めた。ひとつの活動から疑問が生まれ，次の活動へとつながっていった。

　相手意識・目的意識をしっかりと持たせた上で，軌道修正をしながら子どもといっしょに作りあげていった単元である。

五感や発想をもとに表現する

指導者　松岡智浩

単元　わたしたちのくすの木物語　〈3・4年〉

物語作りに対する興味・関心を家族や地域の方からの聞き取りを行う中で育て，本を読んだり，読んだ本を友達に紹介したりすることで登場人物や場面の様子のイメージを広げさせました。五感や発想をもとに表現できる子どもをめざした単元です。

1．単元の計画

（1）学年　　第3・4学年　16名　（3年7名，4年9名）

（2）時期　　1997年　10月

（3）単元設定について

○　書く学習の体験を，1学期に「ふれあいプラザ」の見学で「施設面での工夫や利用者の思い」の聞き取りをした（社会科との合科）。その際，思いがけないものを発見した喜びや驚きを題材として「ふれあいプラザたんけん誌」を書いた。

3年生は，一つの事柄について，見たこと（大きさ，形，色）と気持ちとを分けて書くことから「～がありました」だけでなく，「2メートルぐらいの」「ピンク色をした」等，自分が発見したものの様子を書くことができた。これは事柄を羅列して書くことから，書く事柄を選び様子が分かるように書くことが少しずつできるようになってきたものと捉えるが，まだ十分ではない。

4年生は，伝える相手によく分かるように，見たこと，触ったこと、話したことを段落ごとに書いていった。事柄の区切りとしての段落を意識して書くことができたが，指示語や接続語を使っての段落の続き方を考えて書くまでには至っていない。

2学期になって，学校の裏にある自分の背丈の3倍もあろうかというトウモロコシ畑に入るチャンスを得た。外から見ることはあっても中に入ったことはなくトウモロコシに囲まれた空間は，まったくの別世界であり，子どもたちは驚きと新鮮さを体験することができた。そこで，この体験を表現活動に生かしたいと考えた。まず，トウモロコシに囲まれた空間の中で働いた感覚をもとに，「音のこと」・「風のこと」・「空のこと」についての驚きと新鮮さを簡単なメモにし，次に，自分のしたことを中心に短作文を書いていった。

この学習は，子どもたちにとって初めてのことだったので何人かは戸惑いを見せ，何から書き始めていいのか，一文書いては何をどう書こうかと悩んだり，文と文をどうつなげていけばいいのか分からず意欲が落ちていった場面も見られたが，体験がとても印象的な出来事だったのでなんとか書け，意欲も少しずつ盛り返してきた。最後には原稿用紙（４００字詰め）に半分以上書けたことに満足していた。つまずいた時に役に立ったのが，トウモロコシ畑で書いた簡単なメモであり，そのメモがヒントカードの役割を果たしてくれ自分の学習活動を支えてくれた。自分の発想が自分の文章作り（表現活動）を支え，進めていったのである。

この学習は，子どもたちに抵抗のあった書く活動への意欲を揺さぶるものとなり，書くことに少しではあるが意欲を見せ始めてきた。このような五感にふれて言葉を見つけたり文章を書いたりする表現活動は，今後の子どもの書く活動の原点になるものとしたい。さらには，発展した形としても設定できるものであろうと考える。そこで２学期は，このように自分の五感や発想をもとにして文章を作っていく実の場として「想像の世界を作り上げる」学習体験をしたいと考え，次のような単元を設定した。

○　想像の世界を作り上げる学習体験を「わたしたちのくすの木物語」と題し，書く活動を通してもちたい。

さいわいに本校には，樹齢１００年を越える大きなくすの木があり，夏には涼しい木陰を提供してくれる。子どもたちは，くすの木に登ったり，その下で土いじりをしたりしている。くすの木は，子どもたちの格好の遊び場となっている。また，このくすの木は卒業してからは懐かしい小学校時代を思い出させるひとつのシンボルのような存在である。

そこで，題材との出会いは，家族の人，地域の人のくすの木にまつわる様々な思い出を聞き取りする活動とし，そのことを通して物語作りの興味・関心を育てていきたいと考える。

木を中心におき自分の想像をふくらませる物語作りであるから，既製の作品で木にかかわる本を読んだり，紹介し合うことでイメージを作りたい。登場人物を考えたり，場面の様子を空想したりしながら自由に創造の世界を広げていきたい。

次に，読み手から書き手に立場を変える体験をしたい。自分が気に入った本を読むことで読書の楽しさに触れ，その中で本のどんなところが楽しかったのか，おもしろかったのかを明らかにしていく。そして，自分たちが明らかにしたことは，物語を作っていく観点として位置付けていきたい。例えば、場面・人物の設定，場面の様子や人物の気持ちといったことであり，読みの力をもとにして観点を設定する。物語は，３部構成（現実→非現実→現実）とする。非現実の世界を子どもたち一人ひとりの世界として，出来事を考え自分独自の物語を書き上げたい。

最後に，書き上げた作品を紹介し合ってお互いの頑張りをたたえる場面をもちたい。このような一連の活動を通して，悠然と何事もなかったかのように立っているくすの木にも歴史があり，山野小学校とともに成長し続けるくすの木であることに気づくことを願い，自分が生まれ育ったふるさと山野を大切に思う心を育てたい。

○　指導にあたっては，まず，今まで自分が読んだ本のおもしろさや楽しさを学級のみんなに紹介し合いながら，個人の好みによって紹介する作品が違うことを大切にしたい。その中で，個人がおもしろいと考える観点を出し合い，この観点が物語を書くときの必要な観点となってくることを押さえる。また，家族の人，地域の人にお話を聞く場をもったり，くすの木の下で遊んだりすることで，くすの木に対する子どもの思いをふくらませていきたい。

次に，自分が書いてみたいコースを選び物語を書き進めていく。３年生では，非現実の世界での出来事を一つの場面の次に，自分が書いてみたいコースを選び物語を書き進めていく。３年生では，非現実の世界での出来事を一つの場面のまとまりとして，色やにおい，音などのことばを使って場面の様子を表現させたい。４年生では，非現実の世界での出来事をはじめ，中，終わりの段落になるように意識させ，人物の動作や見たこと，聞いたこと，触ったことを入れて表現させたい。

その後，各自が考えた出来事の物語を必要に応じて，学級の中やグループ内で紹介したり，読み合わせをしたりしながら「わたしたちのくすの木物語」を書き上げたい。

《くすの木を見上げて物語を考える子どもたち》

2．単元の目標と指導構想

子どもの興味・関心

・劇のシナリオなど自分達で創作する場では，意欲を持つことができる。
・教室外での活動を好む。

わたしたちのくすの木物語

［子どもの活動］

第一次
本の面白さを探す。
・今まで読んだ本の中で面白いところを探し出す。

第二次
学習計画を立てる。
・「わたしたちのくすの木物語」を作る学習の見通しを持つ。

第三次
物語を作る。
・くすの木物語のプロローグをみんなで考える。
・それぞれのコースに分かれて物語を作る。

第四次
・友達の物語を読んで面白さを出し合う。

［つけたい力］

・読書の楽しみ＝楽しかった自分の思いや理由を述べながら話すことができる。
・物語の面白さの要素に気づく。
・学習の最後の場面をイメージして，物語作りに関わる観点を持つことができる。
・適切な表現の仕方があることが分かる。
・人物設定ができる。
・場面設定ができる。
・時制（現実→非現実→現実）を分けて書くことができる。
・場面の様子や人物の気持ちがよく分かるように書くことができる。

3年
◎ 場面の区切りやお話の中心を考えて書くことができる。
○ 物語の進め方やいろいろな表現の仕方があることを理解する。

4年
◎ 段落の続き方を考え，出来事の様子をより詳しく書くことができる。
○ 言葉の使い方を工夫して，登場人物の気持ちがよく分かるように書くことができる。

3．授業の計画

（1）指導計画（全１２時間）

次	時	形態	主な学習活動	評価項目（方法）	支援・留意事項
一	3	一斉	○お話のおもしろさを探す。 ・今まで読んだ本の中でおもしろい所を出す。 ・おもしろさの観点がみつけられるように好きな本をもとに好きな所を出し合う。 （ストーリー，登場人物のキャラクター，設定の仕方，挿絵，時制の変化（現実→非現実→現実） ・話のおもしろさの観点を整理する。 ○家族の人や地域の人のお話の聞き取りをする。	・自分の好きな本を持って来たか。（観察） ・理由をつけておもしろさが話せたか。（発言） ・今までの読んだ本と重ねて理解できたか。（発言） ・めあてに向かって頑張ったか。（カード）	・今までに読んでおもしろかった本を持ちよらせておく。 ・好きな本のおもしろかったところ（場面，様子），好きなところを出し合う中でなぜそう思ったのか話させる。 ・出ないときは教師の準備したものを提示する。 ・聞き取りのめあてを持たせる。
二	1	一斉	○くすの木物語を書く学習計画を立てる。 ・くすの木にかかわって書く事を知り，見通しをもつ。	・学習に興味を示し，書く意欲をもったか。 ・具体的な活動が分かる計画になっているか。（観察）	・昔から今までの山野をよく知っているものの代表的存在として，「くすの木」に気づかせる。
三	6	一斉 個別 個別 グループ 個別	○くすの木物語を書く。 ・プロローグを全員で考える。 ・木を表現することば集めをする。 ・構想メモを作る。 物語は，現実→非現実→現実の構成で書いていく。 ・非現実の世界では，各自コースを選んで書く。 ①冒険コース ②変身コース ③未来コース ④昔コース ・グループ内で読み合う。 ・清書する。	・くすの木を適切な表現で表しているか。（発言） ・想像したことをメモに書けたか。（自己，メモ） ・自分の書きたいコースが選べるか。（観察） ・その場の様子（色，音，大きさなど）がよく分かるように書けたか。 ・人物の動作がよく分かるように書けたか。 ・はじめ，中，終わりが意識できたか。（作品） ・グループ内の友達のよいところを見つけることができたか。（観察，発言）	・くすの木の観察をしておく。 ・木のことを表している本を用意する。 ・ワークシートを用意する。 ・振り返りカードを用意する。 ・コース別の出来事の例を示す。 ・書き出しや場面の表現例を示す。 ・どのような作品をめざしているか分かるようにするために次のような点に気をつけて推敲させる。 ①非現実の世界での出来事は2つとする。 ②はじめ（出来事の起こり），中（どう解決したか），終わり（その後どうするか）の構成。 ③誤字，脱字はないか。 ④「」は使ってあるか。
四	2	一斉	○友達の物語を読んでおもしろさを出し合う。	・友達のよいところを見つけることができたか。（自己，相互） ・楽しんで読んでいるか。 ・友達のよいところを見つけられたか。（観察，発言）	・お互いに認め合えるように付箋紙に書いて感想を交流する場を持つ。

（２）本時の目標

◎構成メモをもとに想像し，人物の動きや周りの様子がよく分かるように書くことができる。

○友達の作品のよいところをみつけることができる。

（３）本時の展開

学習活動	段階	主な発問	評価	支援
・前時を想起する。	つかむ	・書けている所まで読んで，続きを想像しよう。		
・コース別に別れて現実の場面を書く。 ・グループ内で読み合う。（友達のいいところをみつける）	ふかめる	・それぞれのコースに分かれて書いてみましょう。 ・グループ内で読み合ってみましょう。	・周りの様子がよく分かるような場面が書けているか。 ・人物の動きが書けているか。 ・友達一人ひとりのよさをみつけることができたか。	・自分が参考にしようと思った本を手元に置かせる。 ・ヒントカードを用意する。 ・いいところカードを用意する。
・友達の意見を参考にして，自分のお話を読み直す。	まとめる	・もっとよくなるように直してみましょう。	・友達のいいところを参考にしているか。	・いいところカードを参考にする。

4．授業の実際と仮説についての考察

（1）子どもの実態を把握し，つけたい学力を明確にしたか。

社会科の学習で，以前に山野川が氾濫して家が流されたことを聞き取り学習をした。その際，メモに取ったことをもとにして，流される家や助けを呼ぶ人などを想像して書くことを本単元に入る前に行った。

この中で

・流される家の動きを書いたもの‥‥‥‥‥‥‥ １６人中４人

・洪水のときに流されているものを書いたもの‥ １６人中１人

・雨の量をかいたもの‥‥‥‥‥‥‥‥‥‥ １６人中１４人

・雨の音や風の音などを書いたもの‥‥‥‥‥ １６人中９人

・叫び声を書いたもの‥‥‥‥‥‥‥‥‥‥ １６人中１３人

多くの子どもが書いた叫び声と流されているものについては，話された方が言われたことばである。具体的に話された事柄については，簡単に想像することができ，文章に書くことができることが分かった。また，雨の音や風の音については実際に耳にしたことがあるものであり，自分の経験が文章に生かされていることが分かる。

このことから，実体験や聞いたり読んだりしたことをもとにすれば，物語を書くことができるのではないかと考えた。そして，つけたい学力を「場面や人物を設定し，そのことを自由に空想して楽しく物語を書く力」とした。

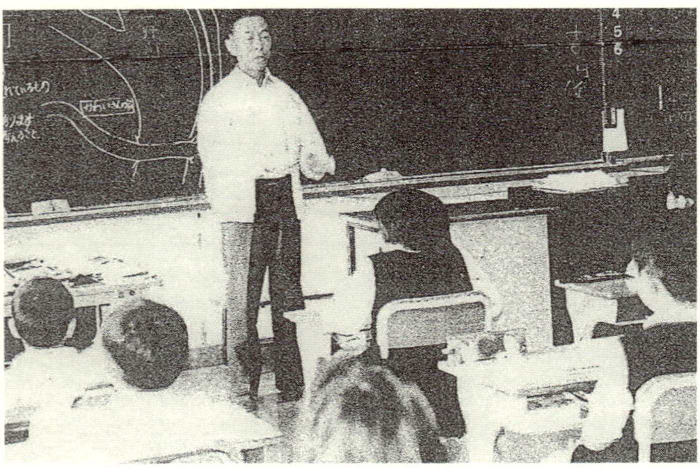

《山野川の氾濫についてお話を聞く》

（2）子どもたちの興味・関心・必要に根ざした単元設定ができたか。

劇のシナリオを創作する場では，自分達で登場人物の動きや台詞を意欲的に考えることができていた。このことを登場人物や場面設定の際に生かせば楽しい書く活動がもてるのではないかと考えた。

しかし,物語を書きたいという直接的な興味・関心・必要感はなかった。そこで，くすの木の下で遊んだり，地域の方にくすの木にまつわる話を語っていただいたり，給食を食べたりと，くすの木を中心にした活動を取り入れていった。この後，「くすの木の幹はどれくらいの太さかなぁ。」「お父さんの子どものころ，くすの木に登って遊んでいたんだって。」「くすの木の葉っぱは，いつ落ちるかなぁ。」等の発言が聞かれ出した。このことから，何げない存在であったくすの木が，子どもたちにとってより身近に感じられだしたと捉えた。

いつもそばにあるものとして余り気にかけていなかったくすの木が，少しずつ子どもたちの中に興味・関心を引くようになってきたと考える。家族の人や地域の人から話していただいたことにより，くすの木が時間的なつながりをもって人と人を結びつけていること，それが今も自分達のそばに立ち続けていることが感じられ興味・関心がもてだしたのではないかと思う。

《くすの木の下でお話を聞く》

（3）つけたい学力と教材が合致していたか。

この資料は，子どもの作品の一部である。

ぼくエルマーです，とてもの
んびりやさんで、まけずぎらい
です，
エルマーがくすの木の下で、
遊んでたら、落とし穴にはま、
て、起きたら、ふしぎな世界に
いってしまいました。
ふしぎな世界は，せんそう中
です。とつぜん、空の上から三
サイルが落ちてきて，よけた時
その下にたまたまジュライがあ
ったから、
「ドガーンレ
とばくはつしたけど、よけてた
から、だいじょうぶでした。
それから、仲間のチッチと出
会いました。そこは、エルマー
がよけた所でした。どこかはエ
ルマーにもわかりません。でも、
なんだか、下がつめたいなと思
ったら、川の中だったからです。
それから、二人は、うちゅう
に大かいじゅうがいることを知り
二人は、うちゅうにたびだち

傍線部分は，今回の単元でつけたい学力と考えていた場面や人物の設定の表現である。例えば，Ａ児は，主人公を「とてものんびりやさんで，まけずぎらい」とし，「ふしぎな世界にいってしまいました。」「せんそう中です。」「とつぜん」などの表現をしている。この日の振り返りカードでは「つぎにいきたい。」と書いていた。書くことに意欲をみせている。

Ａ児は冒険物の本を主に読んでいた。読んだ本のおもしろさを紹介する時には，場面の移り変わりの部分を話すことが多かった。他の友達が登場人物の動きのおもしろさを話したときにはうなずきながら聞いていた。このことから，子どもたちが読み取ったおもしろさの観点が物語を書く際に生かされていると考える。

（4）興味・関心が持続するような単元構成であったか。

くすの木に対する興味・関心を育てるためにさまざまな活動を行った。空想したことを文章にするのであるから，読書量を重視する必要があると考え，本の帯作りに取り組んだ。教室に「帯の木」を掲示し，その木に葉っぱとしての本の帯をつけていった。絵を描いたり，短い文で紹介をしたりする気軽さから多数本を読むようになった。

《児童が作った本の帯》

また，読んだ本の中からハラハラドキドキすることば集め，大きな木を表現することば集めをした。読書をし，友達に紹介する本の帯を作る毎に葉っぱが増え，また，ことば集めも本を読む毎に次々に貼られていき，見た目にどんどん増えていくことが分かり，さらにもっと増やしたいという意欲につながり，思わぬ大きな物ができあがり子どもと共に喜ぶことができた。

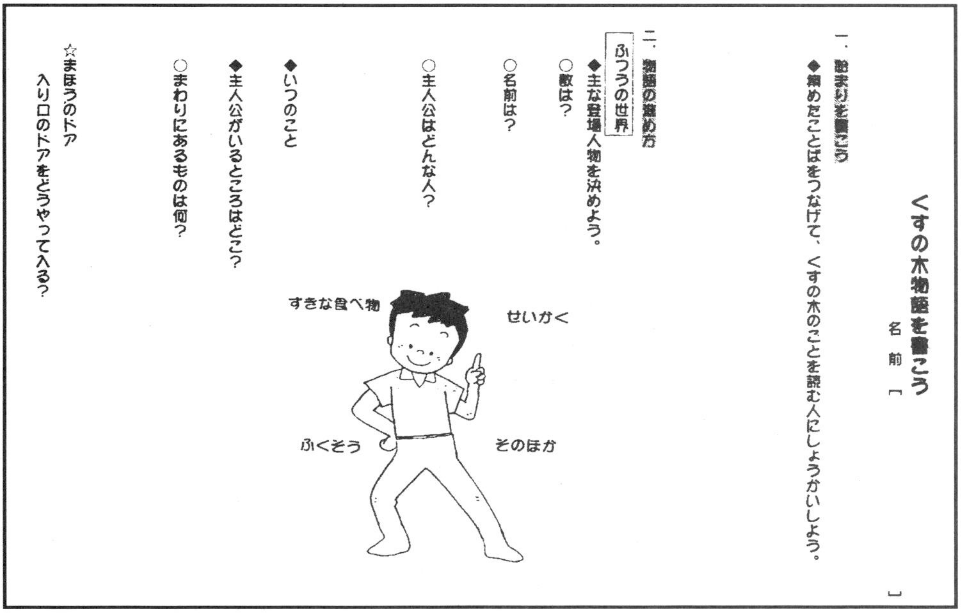

《構成メモ　1　》

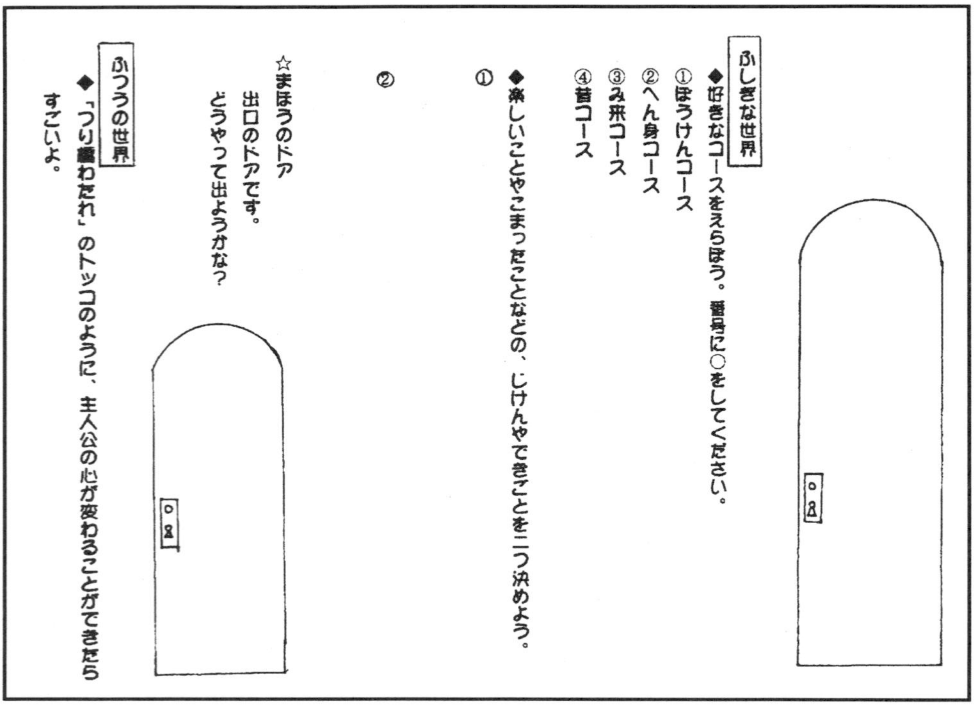

ふしぎな世界
◆好きなコースをえらぼう。番号に○をしてください。
①ぼうけんコース
②へん身コース
③み来コース
④昔コース
◆楽しいことやこまったことなどの、じけんやできごとを二つ決めよう。
①
②
☆まほうのドア
出口のドアです。
どうやって出ようかな?
ふつうの世界
◆「つり橋わたれ」のトッコのように、主人公の心が変わることができたらすごいよ。

《構成メモ　２（１，２で巻物になっている)》

構成の部分では，構成メモを巻物にすることで，ただ単にメモを書くだけではなくて，巻物を作る図工的な楽しさも加わって意欲的に取り組むことができた。

学習計画を子どもたちと一緒に立てることによって，だれが，どこで，何をするのかを子ども自身がはっきりと持つことができ，最終的にはどうなるかを見通すことができた。

相互評価の場では，付箋紙を使った。作品を読んで書き手のよさを見つけたり，共感したことを短く書いて貼るようにした。A児は，作品を読んでもらって友達から評価してもらった後の振り返りカードでは「みせあいたい。」と書いてあった。お互いの作品を読み合う中で喜びを感じ，そのことを求めるようになった。

（５）つまずきを予想した支援ができたか。

事前につまずきを予想して，物語を書く観点を明らかにした。

ものや場面の設定のヒントカードを用意した。ヒントカードの渡し方も，授業の始めに全員に渡す場合と机の上において必要なときに取りに行く場合とに分けた。自己選択の場として，自分に必要だと思うものを自由に選ばせた。集中している子どもの思考をとぎらせることなく書き進めさせることができた。ヒントカードを全く使わず（１６人中２人）に書く子どももいたが，ヒントカードの文を自分なりのことばに置き換えて使っている子もいた。（１６人中１４人）

毎時間の終わりに相互評価の場を設けた。評価する相手を決まったものにするのではなく，いつも相手をかえて作品を読み合った。一時間の学習で一文を書いた友達を「音のことが書いてあるのがすごい。」と評価している子どもがいた。評価された子は，自分の作品を肯定的に認めてくれたことが自信になり，次の時間への意欲につながった。

ま法のドアの出方ヒントカード

このカードは、ま法のドアの出方をしょうかいします。ま法のドアの入り方のはんたいでもいいし、また、あたらしく考えてもいいですよ。
たとえば、

風

・すると、林のおくから、
「おおい、どこにいるのうっ。」
と言う声が聞こえました。そして、また、どっと風がふきました。
（つり橋わたれ）

トンネル

・とつぜん、足下に大きなあながあいて、ぼくは、すとーんと落ちてしまいました。気がつくとそこは、くすの木のあなの中ではありませんか。

光

・ガラガラドッシャーン。かみなりが落ちたような大きな音がしたかと思うと、わたしの体は七色の光でつつまれました。

音

・「○○ちゃん、起きなさい。そんなところで、ねているとあぶないよ。」
先生の声が、くすの木の下から聞こえました。

《物語を書く時の　ヒントカード》

5．成果と課題

（1）成果

・単元全体を通しての目標を設定することにより，そこに至るまでの各段階での目標を主体的にもち，学習意欲を継続させることができた。

・地域の方や家族の方に聞き取りをしたり，題材にかかわったりする体験を通して表現意欲が育った。また，お互いを認め合える場としての相互評価も表現意欲を育て継続するのに有効であった。

・構成メモを巻物にしたり，評価カードを付箋紙にしたりする教材の工夫は，子どもが楽しみをもって表現活動をすることができる。

（2）課題

・表現意欲には，個人差があり，さらに楽しく表現することができるように研究を重ねる必要がある。

・事前，事後のアンケートや毎時間の一人ひとりの学習状況を記録する等確かなデータに基づいた子どもの実態把握をさらに進める必要がある。

・指導者が，評価を子どもに返す場をどのように設けるか，どのような方法でするかの工夫をする必要がある。

6．参考文献

・「 国語科個別指導入門 」山本名嘉子　明治図書　１９８９

・「 個を生かす国語科授業の展開と課題 」山本名嘉子(編著)　大学印刷　１９９７

思いや考えを自分の言葉で

指導者　津田三枝

単元　カイコ日記をつくろう　〈３・４年〉

『先生，カイコを育てようや！』新学期最初の理科の時間。２年前に上級生　がカイコの観察をしていたのを見ていて，ずっと『自分たちもやってみたい』と願っていた子どもたちです。本単元では，そういった興味・関心を大切にし ながら，子どもたちと一緒に学習計画を立てていきました。また，いろいろな 人やものとのかかわりを通して，自分の思いや考えを表現する力を身につけて いけるよう，目的をはっきりさせた体験活動を取り入れることを工夫した単元 です。

１．単元の計画

（１）学年　　第３・４学年　１８名（３年１３名　４年５名）

（２）時期　　２０００年５月下旬～７月上旬

（３）単元設定について

○　本学級の児童は，休憩時間になると，よく，きのうあった出来事，友達と遊んだことなど話にくる。目を生き生きとさせながらうれしそうに話しかけてくるので，日々，いろいろなことを体験して新鮮な気持ちで過ごしているんだなというのが伝わってくる。

しかし，それをいざ文章に書くとなると，なにをどう書けばいいの？と戸惑ってしまう子がいる。話しているときの言葉をそのまま使った文章や実際に自分が行動した過程に沿った文は書けるが，その中に自分の思ったこと感じたことを素直に表現できる子は少ない。

○　１学期の理科の「こんちゅうを育てよう」という学習の中で，子どもたちの希望によりカイコを飼うことになった。

カイコは，成長が早く，ふ化・脱皮・繭づくり・羽化など劇的変化が次々と起こり，全生活環が約１ヶ月の間にすべて肉眼で観察できる。「観察記録を書いていって，成長を調べたい」ということで，１人２匹ずつ育てている。自分が面倒を見たことにより日に日に大きくなっていくカイコにかなり愛情もわいてきているようだ。片時も離さないといった感じでよく世話をし，観察している。観察記録の裏表紙にカイコの詩を載せたいという意見が出た。愛着をもって育ててきたカイコなので，書くことに苦手意識をもっている子どもでも，日々のいろいろな感動や不思議を自分の言葉で表現する楽しさを味わえるのではないかと考え，カイコの詩をつくることを通して取り組んでいくことになった。

○　４月に「わかば」「かがやき」「春の歌」を学習している。この単元では，読み方を工夫することを通して詩の楽しさを知り意欲的に学習した。詩は，楽しいものと感じている子が多い。

しかし，いざ自分で詩を作るとなると普段書き慣れていないため戸惑う子もいると思われる。そこで，まずは，読み聞かせを通していろいろな詩に触れさせるところからはじめたい。それと同時に，カイコに対する思いやイメージを広げるためにいろいろな体験活動（まぶし作り／楽器作りなど）を取り入れたい。

また，手助けしなくても書ける子と，なかなか書き出しにくい子に分かれることが予想される。成長段階のどの部分のカイコを詩に表すのか，わかりやすいように資料を掲示してやったり，場面設定をあらかじめ考えさせておいたりするなどの支援指導をしていきたいと考える。

※ まぶしとは，カイコの幼虫がまゆを作る四角の部屋のことです。

２．単元づくりの工夫

（１）単元の仮説

○　子どもたちが興味・関心をもっているものを単元に設定することで，～してみたい，～を調べてみたいという意欲が高まり主体的に学習に取り組むであろう。

○　子どもたちがやってみたいと思う活動を学習に取り入れることで，その中での感じたこと，思ったこと，考えたことなどを自分なりの言葉で表現しようとするであろう。

（２）１学期の授業における工夫点

①「生き生きと活動する場（実の場）」について

○ カイコの観察記録をまとめ，科学コンクールに出す。

○ まぶしを作るため，地域の人に尋ねに行ったり，本で調べたりする。

② 学習内容や方法について

○ 観察の仕方など自分の学習活動を友達と交流する場にする。

③ 評価について

○ 自分の取り組みや，友達の頑張ったところを振り返る。

今回の授業では，カイコを育てる学習を中心にいろいろな活動をつなげていく。

４月当初からカイコを飼って観察していきたいというのは子どもの強い願いだった。子どもたちの『〜してみたい』という思いを大切にしながら，興味・関心のあることを単元に設定していくことで，自分の思いや感じたことを自分の言葉で表現できるよう指導・支援していきたい。

《カイコ日記》

《「見て見て，糸をはいて
まゆを作っているよ」》

《「観察日記，よ〜く見て書こう！」》

3．単元の目標と指導構想

（全３６時間：国８，社５，理１２，音２，図４，道１，総４）

子どもの興味・関心
・カイコの観察がしたい。
・地図を書きたい。
・地域を探検してまわりたい。

教師の願い
・友達のよいところを見つけながら学びあってほしい。
・自分の感じたこと，思ったことを素直な言葉で表現してほしい。

つけてきた力
・めあてをもって活動する力
・わからないことや不思議に思ったことを調べようとする力

第一次

理　カイコを育てよう（1）
・カイコの世話の仕方が分かる。

総　学習計画を立てよう（1）

単元：カイコ日記をつくろう！

第二次

理　カイコの観察をしよう（１１）
・カイコの観察方法と，記録方法を話し合う。
・成長の変化をとらえることができる。

社　校区探検をしよう（4）
総（2）・東西南北がわかる。
・桑の葉マップをグループで協力して作る。

社(1)総（1）カイコ博士にインタビューしよう
・メモを取りながら聞くことができる。

道　小さな命（1）
・命の大切さに気づくことができる。

第三次

図（4）総（2）まぶしを作ろう
・友達と協力して作る。
・自分たちなりの工夫をすることができる。

音　カイコのふんマラカスを使って（2）
・手作り楽器の特性を生かして音の出し方を工夫することができる。

第四次

国　カイコの詩をつくろう（3）
・見たり聞いたり感じたりしたことをいろいろな方法で表現できる。
・友達の詩の表現のよさに気づくことができる。

国　詩の広場（4）
・見たり聞いたり感じたりしたことを素直な言葉で表現できる。

国　カイコ日記を科学コンクールにだそう（1）
・カイコ日記に誤字脱字，わかりにくい表現のものがないか見直すことができる。

単元目標

○ 自ら学ぶ力
・疑問や不思議に思ったことについて本で調べたり，人に尋ねることができる。
・友達の頑張りを認めることができる。

○ 国語科
・見たり聞いたり感じたりしたことを，素直な言葉で生き生きと表現できる。
・比喩表現や擬音語，擬態語の役割を理解し，自分で工夫しながら様子や気持ちを具体的に表すことができる。

○ 社会科
・方角が分かり，地図に表すことができる。

○ 理科
・カイコの成長の変化をとらえることができる。

○ 音楽科
・手作り楽器の特性を生かし，音の出し方を工夫する。

○ 図工科
・アイデアをグループの中で出しあい，友達と協力して作る。

○ 道徳
・命の尊さを知り，命あるものを大切にする。

4．指導の計画

次	時	形態	主な学習活動	評価項目（方法）	支援・留意事項
一	理科	一斉	○カイコを育てよう。 ・カイコのえさは？ ・育て方のポイント ・必要な道具	・カイコの世話の仕方がわかったか。（ノート，観察）	・カイコの飼い方について，教科書にあるチョウと比べながら考えさせる。 ・児童から出ない場合は，見本を提示したり資料を見たりする。
	総合	一斉	○学習計画を立てよう。	・意欲を持って学習計画を立てることができたか。（発言）	・子どもたちの思いを大切にし，それが実現できるよう大まかな見通しを立ててから学習の流れを細かく考えさせる。
二	理科	一斉 個別	○カイコの観察をしよう。 ・観察のポイント 大きさ，長さ，見る角度など ・記録の仕方 絵，気づき，疑問	・カイコの観察のポイントと記録の仕方を話し合えたか。（発言） ・幼虫の成長変化や葉の食べ方に興味をもち，進んで世話をしたか。（観察） ・疑問に思ったことを積極的に聞いたり，本で調べようとしたか。（観察）	・地域の人にカイコの飼い方の指導を受けておく。 ・カイコに関する資料を用意し，必要に応じて提示できるようにする。 ・観察のめあてを持たせる。 ・毛蚕の時は，桑の葉を千切りにすることを助言する。 ・カイコをさわる前後は必ず手を洗うよう注意する。
	社会 総合	一斉 個別	○カイコ博士にインタビューしよう。 ・尋ねたいことを書き出そう。 ・インタビューしよう。	・疑問に思ったことを書き出すことができたか。（ノート） ・聞きたいことを持ち，積極的に尋ねることができたか。（発表） ・観察日記にまとめることができたか。（観察，記録）	・カイコについて詳しい地域の方に，お話をしてもらえることを知らせる。 ・前もって聞きたいことをまとめて書かせておく。
三	総合 図工	個人 一斉 班	○まぶしを作ろう。 ・どんなまぶしにするか話し合おう。 ・設計図をかこう。 ・グループに分かれて作ろう。	・自分のアイデアが話し合いで出せたか。（観察） ・まぶしの作り方を調べてきたか。（ノート） ・必要な材料を集めようとしたか。（観察） ・グループで役割を分担し協力して作ったか。（観察，振り返りカード）	・自分の考えが持てるように家の人，地域の人にまぶしについて事前にインタビューさせておく。
四	国語	一斉 個人 班	○カイコをテーマに詩を書こう。 ・多くの詩にふれる。 ・『のはらうたづくり』をする。 ・詩のいろいろな表現方法を知る。 ・どんな表現方法で詩を書くか考える。 ・詩を書く。 ・友だちの作品を読みあう。 ・清書をする。	・『のはらうた』のおもしろさを感じ取り，進んでつくることができたか。（ワークシート，資料） ・自分の思いに合う言葉を選んだり，表現の工夫をしたりして書いたか。（ワークシート，資料） ・友だちのつくった詩のよさや楽しさを味わいながら読んだり，聞いたりすることができたか。（振り返りカード）	・詩の本を用意しておく。 言語環境づくりのために詩の鑑賞や読書，読み聞かせ，ことばあそびなども日常的に行う。 ・友だちのよさを見つけられるように，できた『のはらうた』をコピーし表現を工夫しているところに赤線を引くように助言したり，カイコの成長過程がわかるような資料を黒板に掲示したりする。 ・互いに読み合い，よいところを発表させる。

５．成果と課題

・単元の計画表を提示してやることで，今，自分は活動を何を何のために何に向けてしているのかがわかり，学習の見通しをもって取り組むことができた。

・カイコの観察記録を科学コンクールに出すという目的で取り組んできた学習であったが，ただ，カイコの観察を続けていくだけでなく，それをもとに学習の過程の中で，子どもたちが必要と感じているいろいろな活動（まぶし作り・インタビューなど）を取り入れていくことで，長期ではあったが興味を持続して最後まで学習に意欲的かつ主体的に取り組むことができた。

・自分だけのカイコを飼うことで，責任を持って最後まで世話をすることができた。カイコを育てることを通して命の大切さを学び，また，友達や家族，地域の人と積極的にコミュニケーションをとることができた。

・詩作りでは，今まで，観察したことが取り入れられて書くことができていた。また，それぞれの子どもなりに詩のスタイルやいろいろな表現ができており工夫されていて良かった。友達の作品の良いところなど積極的にみつけ，振り返りカードに感想を書いたり，発表したりすることはできた。しかし，自分自身の作品を見直すということが十分にできておらず，題と詩の内容が途中からずれたり，カイコになりきって書けていなかったりということがあった。詩を書き上げた後に個人用の振り返りカードも持たせて，もう一度自分の作品を見直す時間をもうけるべきだった。振り返りカードを効果的に使うことができていなかった。

６．参考文献

・「詩・ことばあそびの授業」田近洵一　国土社

・「カイコ　まゆからまゆまで」岸田 功　あかね書房　１９７９

・「詩が大好き」阿部洋子（著）　大西道夫 山本名嘉子（監）　岩崎書店　１９９７

７．学習材

・「のはらうた」工藤直子　童話屋　１９９７

自分の考えを言葉で表現

指導者　川崎潤子

単元　　おもちゃハウスであそぼう　＜２年＞

身近な素材を使って工夫した手作りのおもちゃを作ることで，自分の思いをふくらませました。そして，保育所や一年生を招待して，一緒に遊ぶ設定をしました。その交流の中で，おもちゃのことを教えてあげる，というめあてを持ち，言葉で表現することを楽しめるよう工夫した単元です。

１．単元の計画

（１）学年　　第２学年（６名）

（２）時期　　２００１年５月中旬～２００１年６月下旬

（３）単元設定について

○　本学級の児童は，話し好きな子が多く，休憩時間には，遊んだこと，楽しかったこと，嬉しかったこと，驚いたことなど我先にと話してくる。しかし，自分の言いたいことだけを言って相手に話の内容がうまく伝わっていなかったり，事実だけを言って自分の思いまでは言えていなかったりすることがある。また，自分の思いや考えを言わず，先に行動してしまい友達から誤解されてトラブルになってしまうこともあった。

聞くことにおいては，友達が話していても，平気で口をはさんでくることもある。そのため，話を十分に聞いていないことが多く，2度同じことを説明しなければならないこともある。

また，毎日の日記の中では，したことだけの羅列で終わっていることがほとんどで自分の思いや考えが書き表せない。

○　本単元では，世界で一つしかない自分だけのおもちゃを作る。テレビゲームや市販のおもちゃだけで遊んでいる子どもたちにとって自分で考えておもちゃを作っていくということは，難しい作業かもしれない。そこで，設計図を書いて自分の考えを整理したり，楽しく遊ぶための工夫を考えさせたりして，自分の思いや考えを持たせたい。

子どもたちは，自分たちの作ったおもちゃハウスに，１年生や保育所のお友だちを招待したいと考えている。その時に，自分の作ったおもちゃで楽しく遊んでもらえるようにしたい。おもちゃのすごいところを自慢して一人でも多くのお友達に自分のおもちゃで遊んで欲しいと思っている。

○　指導に当たっては，どこにでもあると言われるようなおもちゃではなく，遊ぶために工夫して作った点が１つでも２つでもあるように，作る段階で助言していきたい。

そして，自分の作ったおもちゃの自慢したいことが相手に伝わるような文を書くために，どこを頑張ったのか，何を工夫したのかを具体的に書けるようワークシートなどを使って支援する。

また，友だちのよいところを伝え合う時間を意図的に持ち，友だちだけでなく自分のよさにも気づかせていきたい。

２．単元づくりの工夫

（１）仮説

○　自分の思いや考えを伝える言語活動の具体的な相手を設定すれば，自分の言葉で表現する意欲が高まるであろう。

○　めあてを持って活動し，自分や友達の頑張りや工夫を伝え合うことで，自分の活動を振り返ることができるであろう。

（２）授業における工夫

◎「生き生きと活動する場」については，

○ 自分でおもちゃを作る。

○ 自分のおもちゃのすごいところを友だちに伝える。

・すごいところを３・４年生に伝える。

・遊び方を保育所や１年生に伝える。

◎ 学習内容や方法については，

○ おもちゃの設計図を書き，具体化する。

○ 作業ごとに交流の場を設ける。

◎ 評価については，

○ 自分の頑張ったところや友だちのよいところを振り返りカードに記入し，伝える。

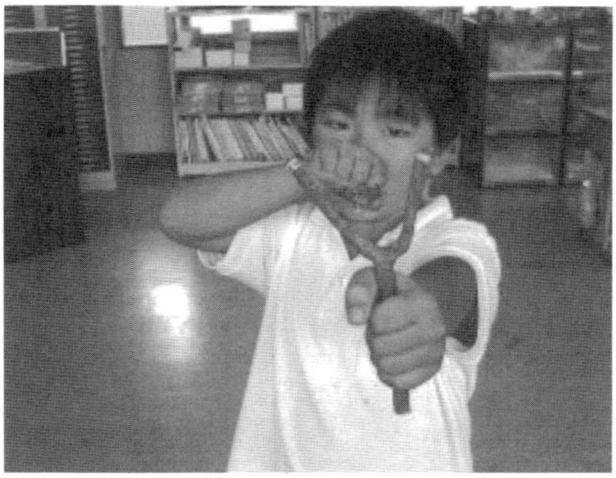

《「よーく，ねらって。」》

《作ったおもちゃで　おもちゃ大会》

3．単元の目標と指導構想　全２５時間（国５　生１４　図６）

⑤　単元の目標と指導構想　全２５時間（国５　生１４　図６）

子どもの興味・関心
・世界で一つのおもちゃを作りたい。
・おもちゃで遊びたい。

教師の願い
頑張ったこと，工夫したことを自分なりの言葉で表現して欲しい。
自分の思いや考えを持って欲しい。

つかいたい力
・分からないこと，知らないことを尋ねる力。
・学習の仕方を予想する。

第一次　国①生①

おもちゃについて知ろう
・お父さんやお母さんはどんなおもちゃで遊んでいたのかな。
・昔のおもちゃで遊んでみよう

単元名
おもちゃハウスであそぼう

第二次　国①

計画を立てよう。
・おもちゃでどんなことをしたいか考える。

第三次　国②生⑥図⑥

おもちゃを作ろう。
・おもちゃの設計図をかこう。
・材料を集めよう。
・自分の考えているおもちゃをつくろう。
・工夫したところを文に書こう
・工夫したところを自慢しよう

第四次　国①生７

おもちゃで遊ぼう
・友だちとおもちゃで遊ぼう。
・おもちゃの森に招待し，一緒に遊ぼう。

単元目標

◎　ねらい
・おもちゃを工夫して作る。

○　自ら学ぶ力
・自分なりの言葉でおもちゃの自慢ができる。
・友だちのよいところを見つけることができる。

国語科
・相手に分かるように話すことができる。
・みんなで遊びを楽しむことができる。

生活科
・相手にわかるように話すことができる。
・みんなで遊びを楽しむことができる。

図工科
・材料を工夫しながら使い，楽しく造形表現ができる。

4．指導計画　　全　２５時間（国５　生１４　図６）

次	時	形態	主な学習活動	評価項目（方法）	支援・留意事項
一	1	個別	○昔はどんなおもちゃで遊んでいたのか聞く。	・知りたいことを聞くことができたか。（インタビューカード）	・インタビュー活動がスムーズにできるように，事前にお家の方に協力をお願いする。
	1	一斉	○聞いてきたことを発表する。 ・おもちゃで遊ぶ。	・相手を意識した話し方ができたか。（発表） ・楽しく遊べたか。（観察）	・相手を意識して話せるように話す前にめあてを言うようにする。
二	1	一斉	○学習計画を立てよう。	・意欲的に学習計画を立てることができたか。（発言）	・子どもの思いを大切にするために出された考えはすべて板書して整理する。
三	14	個別	○おもちゃを作ろう。 ・設計図を作る。 ・材料を集める。 ・工夫しながら作る。	・どんなおもちゃを作りたいか具体的な案を考えられたか。（おもちゃカード） ・意欲的に材料を集められたか。（観察）	・アイデアが出ない時のためにおもちゃ作りに必要な本を教室に置いたりいくつかおもちゃを作って提示したりする。 ・お家の方に材料集めの協力をお願いする。
		一斉	○おもちゃを見せ合おう。 ・おもちゃの自慢を書く。 ・おもちゃの自慢を発表する。	・自分が工夫したところを自分なりの言葉で書くことができたか。（作品）	・工夫したことが文に書けるようにおもちゃ作りの時のつぶやきをメモして見られるようにする。
四	8	一斉	○おもちゃで遊ぼう。 ・みんなで遊ぼう。 ・招待状を作ろう。 ・１年生や保育所のお友達を招待して遊ぼう。 ・３・４年生を招待して遊ぼう。	・みんなで楽しくおもちゃで遊べたか。（観察） ・相手に伝えたいことが（いつ，どこで，何をするのか）分かるように書くことができたか（作品） ・協力して準備,片付けができたか。（観察）	・伝えなければならないこと，書き方で気をつけなければならないことを考えられるように，教師が作った例をもとに話し合う場を設定する。

５．成果と課題

・家での遊びといえば，ゲームで遊んだりテレビを見たりする子が多かった。しかし，学習後，手作りのおもちゃで友だちと関わって遊ぶ楽しさを感じ，日記などにそのことを表現する子が増えた。

・おもちゃを作る際には，ただ作るだけでなく，遊び手のことを考え，工夫することができた。おもちゃの自慢を文章にし，３・４年生に見てもらうことで，自分たちだけでは気づかないような文章の言い回しや発表の仕方を教えてもらうことができた。

・いざ発表の場面になると，本来の自分の力を出せない児童が多い。普段の力がどんな場でも出せるように日頃から場を仕組むなど支援していくことが必要だと感じた。

６．参考文献

・「生活科の支援発問&体験活動カード事典」中野重人・嶋野道弘編著　明治図書　１９９５

・「楽しく学ぶ『話し方・聞き方』ワーク　小学２年」　瀬川榮志監修　２１世紀の国語教育を創る会著　明治図書　２０００

・「話し言葉の基礎『基本聴型・基本話型』の教材開発」瀬川榮志監修　埼玉言語教育研究　明治図書　１９９８

７．学習材

・「つくろう　あそぼう１うさぎちゃんのがらくたあそび」　きむら　ゆういち　ポプラ社１９９９

・「つくろう　あそぼう２くまくんのがらくたあそび」きむら　ゆういち　ポプラ社　１９９９

・「つくろう　あそぼう３ぶたさんのがらくたあそび」きむら　ゆういち　ポプラ社　１９９９

・「一人でできるもん！リサイクルで作っちゃおう」　ＷＩＬＬこども知育研究所構成　金の星社　２０００

第５章

地域と共に生きる「総合的な学習」の実際

地域の人口減から考える　～みんな山野にカムバック～（5年）

ふるさと山野再発見　～山野の紹介番組を作ろう～（5年）

21世紀の環境を考える　～ディベートをしよう～（5・6年）

　自分たちが生まれ育った自然豊かな「山野」を題材に総合的な学習として教材化した。「山野」に対しての思いをインタビューやアンケート・聞き取り調査などを通して確かめたり，また新たな発見をしたりした。そしてそのことを新聞・ホームページなどで表し，多くの人に伝えようとした単元である。

地域の課題にせまる

指導者　岡田久仁子

単元　　地域の人口減から考える　〈5年〉
～みんな山野にカムバック～

自分たちが気づいた地域の課題について，どのように学習を進めたらよいか考え，計画を立て，調べることができる子をめざしました。何のために学習するのか，その活動によってどんな力をつけたいのかを考えさせることで，自分で学習をやりきることを大切にして取り組んだ単元です。

１．単元の計画単元

（１）学年　第５学年（１０名）

（２）時期　２０００年　９月中旬～１１月中旬　（本時１０月２７日）

（３）単元設定について

○　５年生の児童は，昨年度から総合的な学習を《ふるさと探検学習》と名づけて地域について学んできた。《山野の天然記念物・山野川の水生生物・山野の戦争》などである。地域学習を積み重ねることによって，社会科の学習でも「山野の農業はどうなっているのか」とか「山野の水産業は」と疑問を持つなど，少しずつ地域に目が向くようになってきている。地域のよさについては学んでいるが，過疎化が進んでいること（地域の課題）には，２学期になるまで気づいていなかった。

学校行事の「一人暮らしの老人宅訪問」前に，山野の実態について民生委員さんからお話をきいた。その中で，「昔は，たくさんの人が住んでおられたのに，今は人口が減って困っている。」と言われたことが，大きなきっかけとなってこの単元に取り組むことになった。「どうして山野の人が減っているのか」が子どもにとっては大きな疑問であった。

１学期の単元では，個人テーマを持つまでの学習に時間をかけて取り組んだ。しかし，夏風邪がはやり，計画を立てたり調べたりする活動やしたい活動（発表会）ができなかった。単元の流れを変更し，なんとか調べてまとめはしたものの，不完全燃焼の学習に終わった。

○　山野という地域は，豊かな自然に恵まれている。しかし，福山市の中心部から遠くて交通の便が悪く，過疎化が進んでいる。小学校の児童数も保護者の時代と比べると十分の一に減っている。まず，その事実に気づき，なぜ人口が減っているのかを探る中で，地域の実態を学ばせたい。そこから，自分の生き方や地域の未来について考えていけるように，この学習を位置付けたい。調査活動の中で，人口が減って行く中でも地域を愛し，地域の活性化のために協力し努力している大人の姿を少しでも感じてほしいと願っている。

山野の地域の人々はとてもあたたかい。それこそが地域を支える宝だと感じられるような子どもを育てたい。そこで，地域の方々へのインタビュー活動を取り入れ，その人の生き方やあたたかさに直接触れる経験を大切にしたい。

地域の方から，子どもたちが書いた意見文を読んでの感想をいただくことで，自分たちが伝えたかったことが伝わった喜びを感じることができるだろう。同時に，子どもたちが考えるほど簡単に物事は運ばないことも気づかせてもらえるかもしれない。この単元には，児童が自分の地域に対する考えを広げられるよさと，自分の生き方を考えるきっかけとなるよさがある。

○　指導に当たっては，個人テーマが具体的に持てるように，子どもたちの中から出てきた「してみたい活動」について，どんな学習ができそうか考え，その中から自分に合ったものを選ばせたい。一人暮らしの老人宅訪問で地域の方と話して情報を集め，具体的な内容をウェビングによって広げ，個人テーマを持たせるようにしたい。自分が調べてみたいことをみつけて調べることによって，地域に対する自分の考えを深くし，自分の生き方を考えるきっかけとして位置づけた学習になるように「自分はどう思うか」を大切に取り組みたい。

未来の山野について考える単元を次に仕組みたいと考えている。

１学期に不十分だった調べ活動について，インタビューの仕方，アンケートの仕方など，クラスみんなで活動ごとに交流し，どのようにしたらよいか学習させたい。

2．単元づくりの工夫

（1）仮説

○　子どもたちに，何のためにするのか，この活動によってどんな力をつけたいのかをしっかり考えさせることで自ら進んで学習できるのではないか。
○　結果だけでなく，途中経過で相互評価や話し合い活動を取り入れることで自分を振り返る力がつき，考えが深まるのではないか。

（2）授業における工夫点

① 「生き生きと活動する場（実の場）」については，
　○ 何のためにするのか，だれに伝えるのかがはっきりした場としたい。
　　・「これ以上地域の人口が減ったら困る」「山野に帰って来てほしい」という願いを伝えるために自分たちの意見をまとめて地域の方に配る。（学習計画を立てる・調べる・まとめる）

② 学習内容や方法については，
　○ 内容については，子どもたちが興味をもったことを課題とする。
　　・自分たちが取り組みたい課題を話し合いによってはっきりさせる。
　　・行事(老人宅訪問)や今までの学習の中からも考える。
　　・地域の人口が減ったことについて，ウェビング(考えマップ)をして考えを広げる。
　○ 方法については，学級みんなの話し合いによってはっきりさせる。
　　・調べたことをだれにどのようにして伝えたいのか話し合う。
　　・自分たちの考えの柱は何なのか話し合う。
　　・学習計画を「自分で立てる→みんなで考える→もう一度見直す」の流れで進める。

③ 評価については，
　○ みんなの学び方(途中経過)や集めた情報を交流し，学び合う。
　　・調べる活動(第三次)では，毎時間めあてをはっきり持って活動し，振り返りを交流することで，学習を深める。
　○ 個人目標設定の視点や，評価の観点を積み上げていく。
　　・どういうことができればよいか考えさせ，評価の観点を持たせるようにする。

この単元の中で特に大切にしたいことは，子どもたちが自分で考え，前よりよくしようと工夫することである。そのために，みんなでする体験と，一人ひとりが考えを持てるように一人調べをする場とを仕組みたい。また，調べ活動では，交流会を持ってお互い評価し合い，考えを練る活動を取り入れたい。

最後に全員の考えを入れた作品（意見文集）を協力して作り，地域全体の方に読んでもらう活動をすることで，みんなで学習し成し遂げた喜びを感じさせたい。

《公民館へ出かけて》

3．単元の目標と指導構想　全３３時間(総14，国12，特２，道１，社２，算２)

子どもの興味・関心

山野についていろいろ知りたい。
インタビューして調べたい。
ふるさと探検学習を自分たちの力でやりきってみたい

つかいたい力

学習や体験から自分のテーマをもつ力
教師からの支援を活用する力
わからないことをたずねる力

教師の願い

自分の考えを持ち，共に学び合ってほしい。
地域を大切にする心

第一次

2学期のふるさと探検学習で調べたいことを考えよう　総①

- 国④，総①，特②　一人暮らしの老人宅訪問
- 道①　おばあちゃんのおむすび
- 国②　身近な環境

第二次

単元名：地域の人口減から考える
～みんな山野にカムバック～

個人テーマを決め，調査計画を立てよう

第三次

調べよう

- 山野の人口コース
  - ・祖父母の時代
  - ・父母の時代
  - ・男女別
  - ・年代別
  - ・老人の割合
- 山野の生活コース
  - ・農業の工夫
  - ・道路の変化
  - ・通勤時間
  - ・小学校の学習
- 人の結び付きコース
  - ・行事・祭り
  - ・ゲートボール
  - ・ふれあいプラザ
  - ・スポーツ活動

社②　日本の人口過疎について考える

算②　割合とグラフ　人口についてのグラフを読もう

国②　調べたことを整理し，学級のみんなで交流しよう　(本時1/2)

第四次

国④　みんなに伝える文を書こう

第五次

総③　できた意見文を配って感想をきこう

単　元　目　標

◎ねらい
・山野の課題に気づき，ふるさとを大切にしようとする心を育てる。
○自ら学ぶ力
・自分が調べたいことに対してどのように学習を進めたらよいか考え計画を立て，調べることができる。
○国語科
・自分の考えを明確にして，事実と意見を区別しながら話したり，構成を考えて文章にまとめたりできる。
・インタビューで必要な情報を集めることができる。
○社会科
・人口のへる村について豊かな自然を生かしながら産業を生み出して，村を立て直そうとする人々の努力に気づく。
○特別活動
・一人暮らしの老人とのふれあいを通して，老人を大切にする心を養う。
○算数科
・グラフの用語とその意味，見方を理解する。

４．授業の計画

（１）指導計画　全３３時間（総１４，国１２，特２，道１，社２，算２）

次	時	形態	主な学習活動	評価項目(方法)	支援・留意事項
一	総1	一斉 個別	☆個人テーマ設定までのたがやし ○ふるさと探検学習でしたいことを考える。	・自分の考えが持てたか。　(ノート)	・２学期の活動の大きなテーマを見つけられるように，１学期の活動や学習を振り返る。
	道1	一斉 個別	○「おばあちゃんのおむすび」を学習する。	・老人を敬い，生き生きと生活することについて自分の生活とつなげて考えることができたか。　(作文)	・老人宅訪問と重ねて考えられるように，家族だけでなく，地域の人へも広げて考えさせる。
	国4 総1 特2	一斉 個別	○一人暮らしの老人宅訪問。 手紙を書く。 話を考える。 訪問する。 振り返り，交流。	・訪問の意義や目的について自分の考えを持つことができたか。(観察) ・何を話すかを考えることができたか。(インタビューメモ) ・話し方の練習で工夫できたか。(観察・相互評価) ・自分のめあてに沿って会話することができたか。　(観察・発表)	・山野小学校で１０年以上も続けられている理由，お年寄りが楽しみにしてくださっている理由などを合わせて考えるよう助言する。 ・調べたいこと聞きたいことを出し合い，具体的な質問や話しかけ方を考えられるよう実際にやってみる。 ・めあてを持って話していくが，どのような話し方がよいか実際に話しながら具体で考えさせる。 ・振り返りカードを用意する。 ・自分のテーマへの手掛かりにできるように集めた情報を交流する。
	国2	一斉	○「身近な環境」を読み，学習の進め方・テーマの持ち方の具体を知る。	・学習の進め方やテーマの具体的な書き方について考えられたか。(ノート)	・テーマを具体的に持つことができるように教材文や，「新聞をもとに」の単元を学習する。
二	総合3	個別	○山野の人口が減ってしまったわけについて自分が調べたいテーマと調べ方を考える。	・自分は何を調べたいのか，そのことからどんなことを考えていくのかがはっきり持てたか。　(ノート)	・考えをウェビングによってふくらませていく。
		個別 一斉	○調査計画を立てて交流する。 ・何を調べるか ・誰に質問するか ・どのように質問するか ・どんな方法で調べるか	・調査計画を立てることができたか。(計画書) ・調査の準備をすることができたか。(質問や調べる項目のメモ)	・質問したいことの具体が考えられるように，誰に，何を，どんな方法でということを順に考えたり，もどって考えたりさせる。
		個別		・お互いの調べ方のよさに気づいたか。それを自分の調査計画に生かせたか。(観察・計画書)	・お互いの調査計画を読み合い，自分の考えを書き込む活動によって自分自身の計画も見直せるようにする。
三	総合6	個別	○調査する。 ・インタビューで調べる。	・老人宅訪問で学んだ話し方を生かしてインタビューすることができたか。(自己評価・相互評価)	・自分のめあてをはっきりさせ，話し方について評価し合う。 ・問いと答えを書く簡単なインタビューメモを用意し，その答えをきちんと入れられるようにする。
		一斉	・みんなで聞いた話をもとに情報を交換する。	・必要な情報を逃さずみんなに伝えることができたか。　(発表)	
		個別	・その他の調べ方も使う。 山野の人口コース 山野の生活コース 人の結び付きコース	・必要な情報を集めるために，読む・話す・聞く・資料を活用するなどの活動ができたか。(観察・振り返りカード)	・調査の仕方に関する資料を用意し必要に応じて使えるように準備しておく。
	社会2	一斉	○過疎について考える。	・他の地域での工夫に気づき山野と結び付けて考えることができたか。(ノート)	・山野と教科書に出ている地域について比べながら考えられるように，調査と平行して学習する。
	算数2	一斉	○人口について調べグラフに表して考える。	・年代別の割合や年別の数の移り変わりについて，読み取ることができたか。　(グラフ)	・人口についての調査結果をグラフにまとめ，読み取ったことを書き込める資料を用意する。
	国語2		○調べたことを整理し，交流する。	・調べたことと自分の考えを発表し，お互いの意見を聞くことができたか。(発表・観察)	・話し方，聞き方が意識できるように，めあてを言ってから自分の考えを出すことをみんなのルールにする。
四	国語4	個別	○みんなに伝えたい内容をまとめる。(意見文を書く)	・まとめ方を考えることができたか。(ノート) ・相手に分かりやすくまとめることができたか。　(作品)	・分かりやすくするにはどうすればよいか考えられるように，調査した結果を班で話し合って整理する。 ・できた作品をより確かなものにできるように，自分たちで推敲し合う。
五	総合3	一斉 個別	○クラスみんなの作品を合わせて意見文集にし，地域の方に配り，感想を聞かせてもらう。	・感想を聞くための活動に進んで参加できたか。(観察・振り返りカード)	・感想をもらう観点を話し合いで決め，必要ならば感想用紙をつくる。
		一斉	○地域の方からの感想や意見をもとに自分たちの学習を振り返る。	・帰って来た感想や意見を読んで自分の考えを持つことがでたか。(ノート)	・学習の意義が考えられるように地域の方の願いについて考える場を持つ。

（２）本時の目標

○　自分で調べたこととそれについての考えをクラスのみんなに分かるように発表することができる。(発表者)

○　友だちの話を聞き，話の内容を聞き取ったり，よいところや工夫すべき点をみつけたりすることができる。

○　話の流れに沿って自分の考えを出すことができる。

（３）本時の展開

段階	学習活動	評　　価	支　　援
つかむ	○自分のめあてを持つ。	・自分のめあてが持てたか。（ノート）	・発表するときと聞くときのめあてをそれぞれに考えるように助言する。
ふかめる	○発表する。	・クラスのみんなに分かるように発表しているか。（観察）（自己評価・相互評価）	・発表の仕方のめあてを意識できるように，最初に言ってから内容にはいるようにする。 ・調べたことをわかりやすく話せるようにメモを利用する。
	○発表を聞く。	・その人のめあてに沿って発表の仕方を評価できたか。（評価カード） ・相手の話をしっかり聞いているか。また，工夫したらよいことをみつけられるか。（メモ）	・その人が伝えたいことは何か考えながら聞くようにする。(発表後交流する)（メモをとる） ・発表の仕方ではなく話の内容について考えるように助言する。
まとめる	○本時の振り返りをする。	・自分のめあてに沿って振り返りができたか。（振り返りカード）	・話し合い方を評価する。 ・自分たちが伝えたいことが入っていたか内容も評価する。

５．授業の実際と仮説についての考察

（１）「生き生きと活動する場(実の場)」の工夫，興味･関心に沿う工夫について

子どもたちに，何のためにするのか　その活動によってどんな力をつけたいのかをしっかり考えさせることで自ら進んで学習できるのではないか。

○ 何のためにするのか考える学習になったか。

・老人宅訪問の機会をテーマに迫るための下調べに位置づける。

老人宅訪問前の民生委員さんのお話で，自分たちが住んでいる地域の人口が減っていることを初めて感じた５年生だった。「人口はどれくらいなのか」「家の数はどれくらいなのか」「どれくらい減っているのか」「なぜ山野から出て行ったのか」など疑問が出た。

それらの疑問について一人暮らしの地域の方を訪問して聞いた。

聞き取りの中で，７５歳以上の方が小学生のころは，１学年が７０人から８０人おられたことがわかった。また，その子ども(今の子の父母)の時代は５０人から６０人で，現在の約１０倍の人数だったことがわかった。けれど，当時の町の人口や実際にどのくらい減っているのかについて正確に知っておられる方はなかった。

山野から他の地域へ出られた理由は，さまざまであった。しかし，働くところがないというのが大きな理由であると子どもたちは感じたようである。事後の話し合いで，「山野の人口を増やすためには，どうしたらよいか」と質問したとき，ほとんどの子が「大きな工場を作ったらよい」と答えたことからもそう言える。

聞き取りをする中で子どもたちは，「地域の人口がこれ以上減ってほしくない」と感じた。そのために，もっと地域のことを調べてみたいと言い出した。そこからこの単元を作っていった。

・地域についての考えマップ作りから，課題をはっきりさせる。

「地域の人口が減っていることを調べたい。」そこまではすぐ考えられたが，具体的に調べる中身が持ちにくかった。そこで，聞いてきたことを出し合いながら地域のことについて考えてみた。まず，自分の考えをいろいろ書いてみてから，クラスで出し合った。それをまとめる中で地域のよさや課題を整理した。

○ どんな力をつけたいのか考える活動になっていたか。

・つけたい力や学びたいことを考えて学習計画を立てる。

自分だけでは見えなかったことにも気づくことができ，自分の調べたいこと(テーマ)を決めることができた。そのテーマにどう迫っていくか考え

る中で，自分につけたい力を考えていった。ただし，全員に必ず入れるものとして，インタビューで調べることを指定した。それ以外は，自分がしたい調査活動を入れて計画を立てていった。計画の中で，自分が学びたいことや自分につけたい力をしっかり考えられるように時間をとった。

○ 自ら進んで学習できたか。

・はじめは，全員やる気でがんばれた。

自分たちで課題を見つけ単元を作り上げたという気持ちから，計画を立てるところまでは難しくても自分たちでやりぬけた。計画書はいろいろなものを用意し,何回も考えて具体的にしていったが嫌がらずに取り組めた。わからないときは，各人のやり方を教えあったり，できた子の計画書を見せてもらってよいところを取り入れたりできた。

その後，調査活動に入っても友だちと協力してできる間は進んで工夫点を見つけながら学習が進んだ。

《地域の方にインタビュー(学校に来ていただいて)》

・ひとりだけでする調べ学習で実態が分かれた。

インタビューでの調査を終え，自分ひとりでする調査になったとたんにやる気を失った子とそうでない子に分かれた。アンケート用紙の作り方や持って行ったときの対応なども指導したが，自分ひとりでは行動できずに活動が止まってしまった子がいた。前学年まではグループでの調べ学習だったので，ひとりで学習を進めていけるだけの支援が不十分だったのではないかと考えている。

[ひとりで調べ活動ができなかった子]

□みんなで考えているとき自分のこととしてあまり考えず「みんなが言うからそれでいいか」と思っていた。

□しないといけないと思っていてもできなくて明日に延ばすことが続き，

計画どおりに進められなくなっていやになった。

□適当に考えてアンケート用紙を作ったら，友だちに直したほうがいいと言われていやになった。

□自分の都合のよいときに相手が留守で，その後，行かなかった。

［どんどん活動できた子］

◇よりよい調査をしたいと考え，アンケート用紙を作る際に自分で学び方の本を読んで作るなど進んで工夫できた。

◇アンケートやインタビューで返ってきた答えについて，驚きや発見があった。次はどんな答えがもらえるかと楽しみだった。

◇地域の方から励ましの声をもらった。

「がんばってしょうるんじゃね」とか「いろいろ調べたらまた教えてね」など活動することによって得られた喜びでますます進んで活動できた。

《個別のインタビュー活動》

以上のことから，仮説については，

単元の初めに目的意識や学びたいものをしっかり持たせることは，価値ある学習をするのに必要なものだと考えられる。確かに学習の初めは意欲が高まり，難しい課題にも進んで取り組めた。しかし，それだけでずっと意欲が続くことはむずかしく，それぞれの場に応じた細かい手立てや励まし（肯定的な 評価）が大切なのだといえる。

意欲が落ちた場面では，クラスみんなで話し合いもう一度学習の意味を確かめ合った。そういうことが単元の中で２度あったが，単元を終えての感想には，「最後までがんばりぬいてよかった」という中身が書かれていた。

（２）自己評価力を高める工夫について

結果だけでなく，途中経過で相互評価や話し合い活動を取り入れることで自分を振り返る力がつき考えが深まるのではないか。

○ 途中経過での相互評価や話し合い活動を取り入れたか。

・調査活動の際，毎時間の終わりに交流活動をおこなった。

自分がこの時間にすることと，学習のめあてを事前に決め，それについての振り返りと，この時間に学んだこと(勉強になったこと)を書く振り返りカードを積み重ねていった。

個人作業で活動場所もさまざまになり目も届きにくく，支援も不十分になりがちの場面である。子どもたちのめあても「遊ばない」「集中する」など態度的なものが多かった。調べる活動が大体終わり，まとめに入ったとき，やり方がよくわからない子が多かった。その中で，Aが「アンケートの集計は文を箇条書きにして，同じようなことが書いてあったら文の最後に正の字をつけていくと分かりやすくなった」と発表した。その後，Aのまとめの用紙をみんなで見せてもらい，まとめ方を学習した。その次の時間Bはめあてに「一つ一つ分けて書く」と箇条書きにしていくことをあげた。そして，その時間の学習で勉強になったこととして，「アンケートのまとめには，一つ一つ分けて書くとわかりやすい。自分の質問にあっている答えを書く。質問に関係ないことを書いている人もいるけど，それはまとめには入れない方がわかりやすい。」と発表した。このように交流活動によって学び合うことができた。

○ 自分を振り返る力がついたか。

前の例のように「集中した」とか「遊ばずに」とかいうものではなく，具体的にめあてを決めることができることは，自分に足りない点に気づくことや，こうしたらいいという方法がわかったということである。めあてが具体的な方がそれを達成できたかどうかがわかりやすい。同じような活動で評価を繰り返していけば，評価の観点が具体化することがわかった。

アンケートやインタビューの方法，交流会での話し方，分かりやすい文を書くことなどについて，その都度，気をつけることとして「これができたらよい」という観点を作っていった。活動しては付け加えたり削ったりしていった。新しい場面では，「集中して」というめあてが多く出てくるのでその中身を考えて概念くずしをしていく必要がある。

友だちからどう見えていたのかということと自分の評価が大きく異なる子はいなかった。できなかったことも含めて，自分の姿は見えてきたと言える。自分ががんばったことを自分から言うのはテレもあって難しいが，友だちから誉められるととてもうれしそうにしている。できなかったことが，次にしたいことやめあてになってくる。

○ 考えが深まったか。

・調査活動の中で内容の交流があった。

誰がどんなテーマで調べているのかみんな知っているので，本を読んでいて「ここにあるよ」とか，アンケートやインタビューの答えとして出てきたことの中で他の子にも関係あると思うことは教えあったりしていた。

・自分の考えを一通り書いた段階で相互交流によって推敲をおこなった。

調査活動を終え，意見文を自分なりに書いてからみんなで読みあって気づきを交流した。作文用紙をコピーし，書き込んだり付箋紙をはってコメントを入れたりした。一人分 10 分間で，表記，文の長さ，文のねじれ，内容などについて書き込んでいく予定で進めた。初めは，一人分に 20 分かかった。何を書いたらいいのか考えている子がほとんどでアドバイスすることがわからない。そこで，「わかりやすい文章」について学習した。

その後，少しずつ短い時間でアドバイスが書けるようになった。前に書いてあるアドバイス以外のものを考えながら読むことができるようになった子も多い。内容面のアドバイスは，調査活動からのつながりで，「○○の意見が大事だと思ったのに書いてないよ」という付箋紙もあった。

みんなからのアドバイスを読んで自分の考えをもう一度まとめ直して意見文を仕上げていった。特に，調べたことをだらだらつなげて書いていた所を箇条書きにして読みやすくした子が多かった。

この推敲の活動の中で，「分かりやすい文にするために」工夫する観点として子どもたちで考え合ってみつけたことは次の 6 点であった。

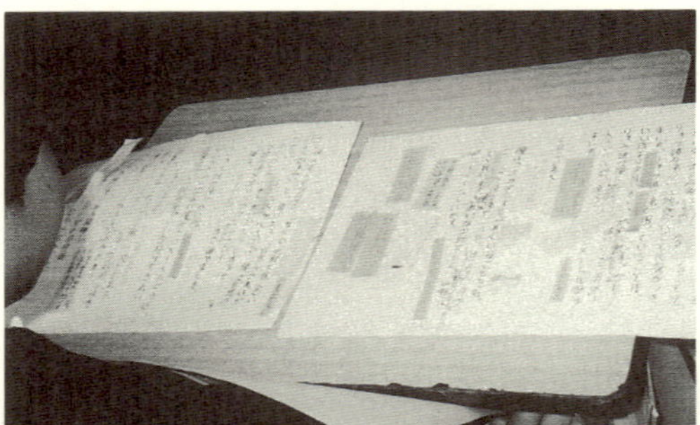

《付箋紙での推敲》

・短い文で書く。
・つなぎの言葉を考えて使う。
・いらないところは，省く。
・調べたこと(テーマ，伝えたいこと)が分かるか考える。
・自分の考えが入っているか。
・細かいことはだらだら書かずに，別の資料にしてつける。

単元の学習後，文集や日記などの見直しの際にも上の観点を活用した。

・地域の方から感想をいただいて考えることで，地域への思いが深まった。

子ども祭りの劇を作りながら毎日少しずつ返ってくる感想について朝の会や帰りの会で話し合った。自分たちへの地域の方々の願いは何か，自分たちに何ができるのか考えた。まだまだ，他にもできることがあるかもしれない。それはこれからもずっと考えなければならない宿題である。地域の方にもいろいろな意見があった。今回の学習ではそれを知っただけにすぎない。しかし，学習前と後とでは，自分たちが暮らす山野に対する思いが深まったことだけは確かである。

以上のように相互評価の繰り返しや，話し合い活動を取り入れることによって，自分だけでは気づかないことが学習できる事がわかる。しかし，話し合い活動に頼って「後で教えてもらえるから」といいかげんな学習になってしまう面もあった。自分の力をもっと伸ばしたいという願いは持っていても，困難な作業や失敗を乗り越えてがんばろうとする態度は，総合的な学習の単元だけでは指導できないと感じた。日常の生活態度の見直しや学習活動の工夫が大切である。

6．成果と課題

（1） 成果

・教師から与えられたものでなく，子どもたちが疑問に思ったことから単元を組んだことによって，５年生には難しいと思っていた人口の減少(過疎)という地域の課題に気づくことができた。

・計画を立て，自分の調べたい方法で調査をし，意見集にまとめて地域の方に配るという流れによって，逆に，地域の方のさまざまな意見を知ることができた。

・地域のよさをアピールして故郷へUターンしてもらおうという発想で学習した。そのことから地域のよさを再発見することができた。

・地域の方のいろいろな考えを知り，自分たち子どもへの期待と願いを感じることができた。

・めあてを持って取り組み，振り返りを繰り返すことで，自己評価の観点が同じ活動に対してなら具体的に持てるようになった。

・交流の場を持ち，互いの考えを述べあう中で，友達からのアドバイスや，クラスでの話し合いを自分の学習に生かすことができた。

（2） 今後の課題

・調査活動が自分で進められるように，調べ方やまとめ方が書いてある本を用意したが，それを活用しようとしない子への支援が十分でなかった。

・行動範囲が広くなり全員の活動に目が届かず，支援すべきことが抜けて後から足りないところを指導することが多かった。もっと細かい支援の計画が必要だった。

・自分で進んで学習できた子もいるが，友だちに教えてもらうことに頼って自分で活動せずにすまそうとしたり，いいかげんに形だけで終わらせようとしたりする姿も見られた。日頃から何事にも力を抜かずに取り組む姿勢を育てなければならない。

・意見集を作ったが，費用や時間のこともあって，山野全戸に配ることはできなかった。パソコンも導入され，手書きより読みやすくてよいという地域の方からの意見もあった。カラー写真や図表などを入れたいという子もいた。しかし，時間とお金がかかるので工夫が必要である。

・よく見直したつもりだったが，表記の間違いが多かった。文字が正しくきちんと書けない子が多く，日頃の指導の不十分さを感じた。

・地域のいろいろな年代の方から聞き取りをしようと思うと，学習時間内だけではできないことが多い。休日や，帰宅後の時間を活用するようになり，支援しきれない部分も多かった。校外学習の支援について今後どのようにしていったらよいのか，考える必要がある。

7．参考文献

・「まるごとわかる国語シリーズ　9．みんなで話そう　10．楽しい調べ学習」
大西道雄・山本名嘉子(監)　岩崎書店　１９９７

・「社会科調べ学習のための学び方カード　小学４年　小学５年」北　俊夫
明治図書　１９９８

・「総合的学習の基本能力をつける　『学び方カード』実物集」北　俊夫
明治図書　２０００

・「やまの　福山市山野町の民俗」山野民俗資料保存会(編)
発行…福山市文化財協会　１９９０

・「１９８４年地域調査－過疎の原因をさぐる－」
１９８４年広瀬中学校１年生　１９８４

8．学習材

・「調べることからはじめよう」　山崎哲男(監)　文研出版　２０００

　１．調べ方の計画を立てよう

　２．図書館やインターネットで調べよう

　３．人に話を聞いて調べよう

　４．自分の目で確かめよう

伝えたい情報を選択し，相手に分かりやすく

指導者　大河原洋子

単元　　ふるさと山野再発見　〈５年〉
～山野の紹介番組を作ろう～

地域に新しくできる公園のことについて調べ，たくさんの人に利用してもらうために，公園のことを紹介するビデオ番組を制作していく単元です。調べてさまざまな情報を得た中から，自分の思いや考えをもとに一番伝えたいことを選び，番組の内容を構成し制作していきました。

１．単元の計画

（１）　学年　第５学年（５名）

（２）　時期　２００１年１０月上旬～２００１年１１月中旬

（３）　単元設定について

○　本学級の児童は，３年時から《ふるさと探検学習》を行ってきており，学習の仕方を身につけてきている。１学期の総合的な学習の時間「ホームページで伝えよう！！わたしたち・ぼくたちの山野小学校」では，各学年の取材をし，伝えたい内容をまとめてホームページにした。この学習では，どのような計画でしたらよいか，今必要な活動は何かを考えて活動を進めていくことができた。また，読み手を意識し工夫してまとめることで，友だちのまとめ方のよさも取り入れながら，各自の持ち味を出し，自分なりの表現で工夫することができた。

１学期は学校の中で取材をしてまとめたが，児童は，山野のことをホームページに載せたいという思いを持っている。

○　本単元では，山野のことを紹介したいという児童の思いをもとに，山野のことについて調べ，再発見したことをビデオ番組に制作し，紹介していく。紹介したいことについて，たくさんの情報を集めることにより，自分の思いや考えを膨らませるようにする。その中から，自分の伝えたいことを選択し，思いや考えが伝わるように内容の構成や伝え方を工夫してまとめていく。

○　指導にあたっては，本などの資料，インターネットの活用，インタビューなど，さまざまな方法で調べるようにさせたい。また，調べて分かったことからさらに広げて，いろいろな視点から調べさせたい。そのために，調べたい項目を個人で考えた後，全体で交流し，調べる項目を増やしていく。調べたことの中から伝えたいことを整理し，伝え方を工夫してまとめることで，思いや考えを入れて表現させたい。自己評価においては，学習活動や考えたことなどの学習のプロセスを記録にとることにより，自分自身がどのような学習を進めているか，どのように学習を進めていったらよいか，学習の成果を振り返ってみられるようにしたい。

2．単元づくりの工夫

（1）仮説

○ さまざまな視点や方法で多くの情報を集め，伝えたいことを整理し，選択することにより，自分の思いや考えを入れて表現する事ができるだろう。

○ 学習のプロセスを記録することにより，自らの学びを見つめることができ，自己評価力を育てることができるだろう。

（2）　授業における工夫点

①「実の場」について

○　山野を紹介する番組を制作する。

・山野を改めて見つめなおし，再発見したことを伝える。（目的意識）

・全校児童や地域の方の知らないようなことを調べ紹介する。（相手意識）

・伝えたい内容を選択する。（内容の明確化）

・学習活動を各自で確認しながら進める。（活動のイメージ化）

・各自の学習のプロセスを記録していく。（自己評価）

② 学習内容や方法について

○　山野について調べたことを紹介する番組を制作する。

・番組制作の手順について学習する。

○　調べたことをもとに台本を作り，番組を収録する。

③ 評価について

○　番組の台本を交流する。

・内容の構成，伝えたいことの提示の仕方などについて，よいと思うところやもっと工夫したらよい点に気づく。

○　めあてを持って学習に取り組み，学習の節目や単元終了時に評価を行う。

・学習記録をもとにふり返る。

月　日（　）

学習のあしあとを振り返ろう

調べる活動で自分がめざしたこと

はずかしがらない。

がんばったこと，工夫したこと

できるだけはずかしい顔をしないで行こうとする。と思ったけれど「はずかしい。」と顔にでていました。

学習前の自分と比べて

あまりかわらない。

次の活動で目指すこと

いることをくわしくまとめる。

《調べる活動終了時のふり返りカード》

《運動公園の使い方を紹介する場面（公園 予定地で）での台本》

キャスター3	〈川原を歩きながら〉
	川原でだれか遊んでいます。聞いてみましょう。
	〈川原で遊んでいる人に近づいて質問する〉
	楽しいですか。
A	楽しいです。
キャスター3	〈カメラ目線で〉
	こんな遊びもできます。では、わたしも入れてもらいましょう。
A	〈小声で〉いいですよ。
キャスター3	これは楽しいです。
	〈次を見て〉
	では、次へ行きましょう。
	〈Bを見つけて「おお」という顔をして近づく〉
	何をしていらっしゃるのですか。
B	〈愛想よく言う〉
	キャンプです。あなたを入れてあげましょう。
キャスター3	ありがとう。
B	このバーベキューを食べてみては。
キャスター3	一口いただきます。自然林で食べるバーベキューはおいしいですね。
	〈二人でもぐもぐ食べる〉
キャスター1	〈スタジオから〉そこはどこですか。
B	ここは運動公園のできる自然林です。
キャスター1	〈スタジオから〉そうだったんですか。こんな使い方もできるんですね。

運動公園の使い方を紹介する場面での台本（公園予定地で）

3．単元の目標と指導構想　全　２７時間

子どもの興味・関心
- 山野のことについて調べたい。
- 山野のことを紹介したい。

つかいたい力
- 自分で学習計画を立てる力
- 物事をさまざまな視点から見つめる力
- 伝えたいことを効果的に表現する力
- 学習をふり返る力

教師の願い
- 学習計画に基づいて学習し，進み具合に応じて見通しを持って進めてほしい。
- さまざまな疑問を見つけ調べていってほしい。
- 構成の仕方や伝え方を工夫し，相手に分かりやすくまとめてほしい。
- 学習のプロセスを記録していくことで，自らの学びを確認してほしい。

第一次

山野を紹介する計画を立てよう
- 山野のことをホームページに載せて伝えたい。
- 山野のことを伝えるために学習計画を立てよう。
- ホームページに載せるだけでなく，ビデオで紹介してもいいな。

単元名：ふるさと山野　再発見　～山野の紹介番組をつくろう～

第二次

調べよう
- 山野のことについて詳しく知りたいな。
- 本，インターネットを使って調べよう。
- 詳しい方に聞きにいこう。
- 友だちはどんなことが分かったのかな。
- 調べて一番心に残ったことを伝えよう。

第三次

ビデオ番組を制作して伝えよう
- 放送原稿を書こう。
- 友だちはどんな原稿にしているのかな。
- リハーサルをして撮影しよう。
- 言いたいことがうまく伝わっているかな。
- 全校児童や地域の方にも再発見を知ってもらおう。

第四次

学習をふり返ろう
- この学習でついた力は…
- ビデオ制作にあたって工夫したことは…
- 次に学習することは・・・

単　元　目　標

◎ ねらい
- 地域を改めて見つめなおし，そのよさを再発見する。

○ 自ら学ぶ力
- 自ら学習の計画を立て，行き詰まったとき計画を立て直すことができる。
- さまざまな方法で必要とする情報を集め，相手に伝えたいことが分かるように工夫してまとめる。
- 自分の学習の仕方，成果などについてふり返る。

４．指導計画　全２７時間

次	時	形態	主な学習活動	評価項目（方法）	支援・留意事項
一	2 1	一斉 個人 一斉	○山野を紹介する計画を立てる。 ・紹介する内容について話し合う。 ・おおまかな学習計画を立てる。	・自分の考えをもつことができたか。（発言・観察） ・先の活動を見通して計画を立てることができたか。（発言・ワークシート）	・学習の目的・意図がはっきりと持てるよう話し合いの時間をとる。 ・自分の力で計画を立てることを大切にするために、個人で考える時間を設定した後，全体で交流する。
二	10	個人 一斉	○調べる。 １．調べたい項目を個人で調べる。 ２．全体で交流し，調べる項目を増やす。 ３．各自で調べ分かったことを交流する。	・本やインターネットの活用，インタビューなどさまざまな方法で調べているか。（観察・調べカード） ・さまざまな視点から調べようとしているか。（観察・調べカード）	・たくさんの情報を得られるように１．２．３の段階を追って調べる。 ・一つの情報源だけにこだわらないように声をかける。
三	6 6 1	個人 一斉 一斉 一斉	○ビデオ番組を制作する。 ・各自で番組の構成を考える。 ・番組の構成を交流し，決定する。 ・分担して台本を作成する。 ・番組を収録する。 ○伝える	・伝えたいことをもとにして内容を選んでいるか。（構想メモ） ・視聴者をひきつける台本の工夫をしているか。（構想メモ） ・互いのよさをもとに番組の構成を考えることができたか。（ワークシート） ・言いたいことが伝わっているか。（原稿） ・互いのよさや工夫したらよいところを見つけることができたか。（原稿） ・視聴者を意識して，姿勢，表情，声の大きさなど注意しているか。（観察・録音したテープ） ・言いたいことが伝わるように表現の仕方を工夫しているか。（発表）	・たくさんの情報から必要なものを選べるように，番組のテーマをはっきりさせておく。 ・効果的に伝える方法を工夫できるように考える時間を確保する。また，番組の作り方についてビデオや本などで学習しておく。 ・メモしたことをもとに話し合うようにする。 ・読み合う時間を設定し，批判的にならないようによい点を必ず見つけるよう声をかける。 ・効果的な話し方の観点について話し合う。 ・リハーサルを行い，よいところ直したらよいところを確認しながら進めていく。 ・全校児童，地域の方に見てもらえる場を設定する。
四	1	個人	○学習をふり返る	・自分についた力，これからの課題を知ることができたか。（ふり返りカード）	・単元全体についてふり返れるように毎時間のふり返りカードを利用する。

５．成果と課題

・様々な視点，多様な方法で，多くの情報を集めることにより，伝えたいと思うことを持ち，表現することにつなげることができることが分かった。

・たくさんの情報の中には初めて知ったこともあり，児童自身が驚きをもっていた。そのことが，よりいっそう伝えたいという思いを強くし，伝える意欲を高めることにつながったと考えられる。

・単元でつけたい力をはっきりと持たせて学習を進め，各時間，各学習活動の節目，単元終了時にふり返りカードを記入させた。すると，以前の自分と比較し，ついた力をとらえることができていた。

・学習の足跡が分かるような記録ができるよう，記録のとり方の学習を行い，振り返って各活動をさらに積み上げていきたい。

・どんな作品に仕上げたいか例を示し，考えさせ，イメージを持たせる活動を仕組むことができなかったことが課題である。児童は，これまでの学習を生かし，番組を制作したが，番組のイメージを持たせる活動を行うことで，相手により分かりやすく伝える工夫をさせることにつながったのではないかと考える。

６．参考文献

・「国語科授業で子どもたちの生きる力を育てる」　小森茂　東洋館出版　1996

・「「伝え合う力」を育てる指導案細案」　瀬川榮志(監)　明治図書　2000

・「楽しい国語科授業アイデア集成４，５，６」　野口芳宏　明治図書　1993

７．学習材

・「シリーズ・TV 番組をつくろう　１～５」　川村尚敬・小林はくどう　リブリオ出版

《「新しくできる公園について紹介します。」》

自分の考えを理論的に

指導者　舘上喜久美

単元　　２１世紀の環境を考える　〈５・６年〉
～ディベートをしよう～

子どもたちが，「慣れ知った小集団の中では，大きい声でゆったりと話せるが，大集団の中では小さい声であったりうまく話せない。」ということは筋道立てて話す経験が少なく論理的思考力が育っていないとも言えます。そこで，『ディベート学習』を取り入れ，論理的に話さざるをえない場を設けることで，課題克服をめざした単元です。

１．単元の計画

（１）日時　　　１９９８年１１月

（２）学年　　　第５・６学年　１５名　（５年９名　６年６名）

（３）単元設定について

○　本学級の児童は，1 学期に初めてディベートをし，ディベートとは一体どんなものかだいたいのことをつかむことができた。そして，そのディベートも１回２回と回を重ねるごとに子どもたちは慣れて，よく発言できるようになった。また，それぞれの回で役割を変えていき，肯定・否定・審判をどの子も一度は経験するようにした。子どもたちの様子を見ていると，どの役になってもよい意味での緊張感を持って一生懸命取り組んでいた。

子どもたちがこのディベートを通して，国語の力をつけることは勿論，学校のリーダーとしても活躍することを願っている。ディベートをすることで，読む・書く・話す・聞くという総合的な力がつく。これらの力をつけ，更に児童会活動・委員会活動・集会活動等でも積極的に発言し，リードしていってほしいと思っている。1 学期を終えた時点で，子どもたちの様子を見ると，全校集会等で 1 学期の始めよりは大きい声でしゃべれたり，短くても自分の意見がもてたり，「２つ言いたいことがあります。それは・・・と・・・です。」という言い方ができるようになったりと少しずつ学習効果は表れている。

しかし，年間テーマ『論理的思考力を育てる』という点から見ると，筋道立てて書いたり話したりすることは，まだまだできていない。今後の大きな課題として残されている。

○　本単元は，『論理的思考力を育てる』という大きな年間テーマのもとに設定したものである。そして，環境問題は全人類に突きつけられた大きな課題であり，子どもたちも多くの関心をもっている。そのこととディベートを結びつけ，最終的に子どもに論理的思考力をつけることを目標としている。では，まず論理的思考力とはどういうことかということである。それは，一般的に言われている「筋道を立てて考えることができる力」ととらえる。そして，ディベートで論理的思考力を育てるという意味で目標にしたいのは，（川本信幹氏が言われる）『根拠と結論を緊密に結び付ける』能力を身につけさせることである。一つの結論に達するために，筋道を立てて，多面的・多角的に根拠を考える。その根拠が多ければ多いほど説得力も強くなる。

次に，ディベートとはどういうことかということである。それは以下述べる学習であると捉えている。

①肯定派・否定派にはっきり分かれた論題について

②形式的に両派に分かれ

③ルールに従って立論と反駁を行い

④審判が，説得力という話し合いの観点から勝敗を決定する。

まず，肯定か否定か自分の立場をはっきりさせる。自説を立てる時，結論を最も緊密な形で支え得る根拠をたくさん用意することである。そして，そうするためには，多面的・多角的な視点が必要である。論理的思考力を育てるためには，肯定・否定の両方の立場から主張を展開するディベートは最適だと考える。

環境問題は，全人類にとって大きな問題の一つである。我々は，そのことに関して，ＴＶ・ラジオ・新聞・書物等いろいろなものからたくさんの情報を得ることができる。それらの情報をもとに未来の環境ひいては人類の未来について考えることは，これからの２１世紀を生きていく子どもたちにとってとても意義深いことだと考える。

○　指導にあたっては，２学期始めの川掃除から環境問題に目を向けるように取り組み，環境に関する本を紹介したり，新聞の記事を紹介したりする。そういう耕しを続け，国語の『一秒が一年をこわす』を学習し，ディベートへとつなげたい。

論題については，子どもたちと相談して言葉を決めたい。

そして，今回はディベートの準備に時間をかけ立論作りをしっかりやりたい。なぜその立場をとるのか根拠をじっくり考えさせ，多くの人が納得できるものをつくりあげたい。そのためには，調べ学習を充実させ，またアンケートをとったりインタビューする方法も教えたい。立論の書き方も，手引きを持たせ，論理的な書き方を指導していく。

できあがった立論をもとに，正々堂々と意見をたたかわせたい。このディベートを通して『読む』『書く』『話す』『聞く』の国語の総合的な力を高めたい。

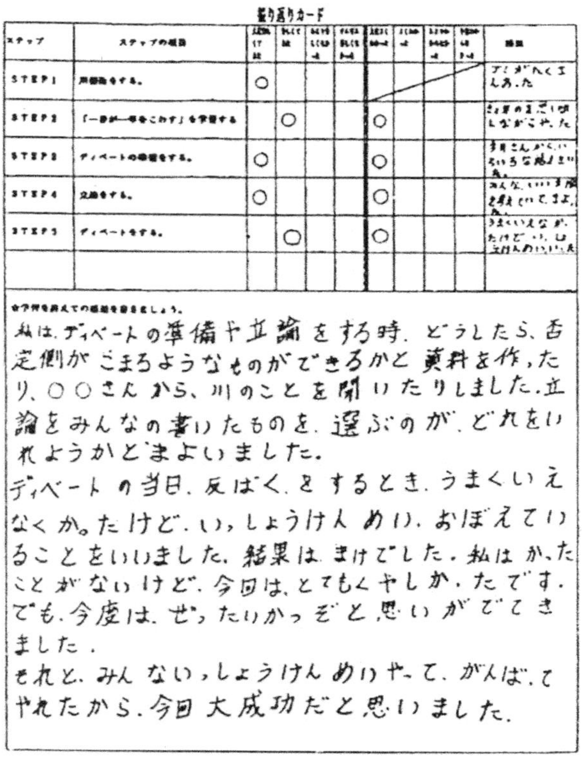

振り返りカード

ステップ	ステップの概要	[illegible]	[illegible]	[illegible]	[illegible]	[illegible]	[illegible]	[illegible]	[illegible]	[illegible]
STEP1	[illegible]をする。	○								[illegible]
STEP2	「一秒が一年をこわす」を学習する		○			○				[illegible]
STEP3	ディベートの準備をする。	○				○				[illegible]
STEP4	立論をする。	○				○				[illegible]
STEP5	ディベートをする。		○			○				[illegible]

私は，ディベートの準備や立論をする時，どうしたら，否定側がこまるようなものができるかと資料を作ったり，○○さんから，川のことを聞いたりしました。立論をみんなの書いたものを，選ぶのが，どれをいれようかとまよいました。
ディベートの当日，反ばくをするとき，うまくいえなくか。たけど，いっしょうけんめい，おぼえていることをいいました。結果はまけでした。私はかったことがないけど，今回は，とてもくやしかったです。でも，今度は，ぜったいかつぞと思いがでてきました。
それと，みんないっしょうけんめいやって，がんばってやれたから，今回大成功だと思いました。

《授業後の振り返りカード》

2．単元の構想と指導構想

子どもの興味・関心実態

・環境問題に関心をもっている。
・おしゃべりが好きである。
・筋道を立てて話すことが，苦手である。
・自分の意見をもちにくい子がいる。

	【子どもの活動】	【つけたい力】
第一次	環境について学習する。 川掃除をする。	・環境問題について課題意識を持つ。 ・意欲をもって川掃除をする。
第二次	『一秒が一年をこわす』を学習する。	・地球的規模で環境問題を考える。 ＊要点をまとめる。
第三次	論題を決定する。 ディベートの準備をする。 ＊個人で ＊グループで	・自分たちで題を決める。 ・根拠と結論が緊密に結びついた立論をする。 ＊原稿用紙２枚 ＊資料を調べたりアンケートをとったりインタビューをしたりして意見を書く。 ＊命題・根拠・結論を筋道を立てて書く。
	ディベートをする。	・立論をもとに，聞き手によくわかるような説得力のある話し方をする。 ・正確に聞き取り，メモをする。 ・相手の意見を受けて発言する。 ・限られた時間内に端的に話す。 ・公平に判定する。
第四次	学習の振り返りをする。	・自分の学習を評価し，次への意欲を持つ。

単元の目標

◎環境について考え，意欲的に資料を集めたり，調べたりすることができる。
◎根拠となる事象と感想意見等を区別して書き，筋道を立てて文章を書くことができる。
○相手によく伝わるように，話題の順序を考え，事実と意見を整理しながら話すことができる。
○自分の意見と比べ，相手の意見をメモしながら，正確に聞き取ることができる。
○相手に分かりやすいように，正しい発音で，言葉の抑揚・強弱に注意して話すことができる。

３．指導計画（全１８時間・国語科１６時間・理科１時間・児童会活動１時間）

次	時	形態	主な学習活動	評価項目（方法）	支援・留意事項
一次	3	一斉	○環境について学習する。 ○川掃除をする。 ○学習計画を立てる。	・真剣に聞いているか。（観察） ・作業に積極的に参加しているか。（観察）	・年間の環境教育の一環として授業を行うことを意識づける。 ・高学年として，下学年をリードしていくよう声をかける。
二次	3	一斉	○「一秒が一年をこわす」を学習する。 ・三つの段落の要旨をつかむ。	・地球誕生から人類誕生までの大きな歴史の流れを述べ，問題の大きさや重要性を表現していることがわかったか。（ノート） ・段落ごとに要旨がまとめられたか。（ノート）	・環境問題について考えるきっかけとなるように，内容を大切に読みとる。
三次	10	個別	○論題を考える。 ○ディベートの準備をする。 ・自分の立場を明らかにする。 ・資料を収集する。 ・資料を読む。 ・アンケートやインタビューをする。 ・個人で発表原稿を作成する。	・積極的に論題を考えることができたか。（ノート） ・積極的に調べたりアンケートを取ったりインタビューしたりして準備をしているか。（観察・ノート） ・根拠と結論が結びついた筋の通った立論ができたか。（作文・自己評価・相互評価）	・周りの意見にながされないように，自分の立場をノートに書いてから話し合う。 ・調べ学習がやりやすいように，環境問題について書かれた書籍をできるだけ多く準備する。 ・アンケート・インタビューの手引きを用意する。 ・立論の書き方の手引きを用意する。 ・説得力のある立論にするために，立論の根拠を支える材料を明確にさせる。
		グループ	・グループ内で担当を決定する。 ・肯定・否定のグループにわかれ，発表原稿を作成する。 ・予想される反論への対策を考え，資料を作成する。 ・グループ内模擬討論を行う。	・グループで更に説得力のある立論ができたか。（作文・相互評価） ・相手の考えを予想して対策を考えることができたか。（反論カード） ・意欲的に模擬討論をしているか。（観察・相互評価）	・反駁用の手引きを用意する。
		一斉	○ディベートをする。	・それぞれの役を責任もってできたか。（観察・フローシート・判定表）	・司会用の手引き・フローシート・判定表を用意する。
四次	2	個別	○学習の振り返りをする。	・次時への展望がもてる振り返りができたか。（振り返りカード・自己評価）	・振り返りカードを用意する。 ・次時への展望がもてるように教師の評価は肯定的なものとする。

４．成果と課題

・はっきりした根拠（理由）があると，自信をもって話すことができた。

・人前で話す機会を多くもつことで，話すことの自信がついた。

・ディベートで訓練することにより，自分の頭の中で深く整理して話す姿勢が身についてきた。

・新しい言葉を積極的に使ってみることで，自分のものとして取り入れることができた。

・自分の立場からの主張はよくできるが，相手の意見は予想できなかった。

５．参考文献

・「小学生でもできる教室ディベート」佐久間順子　学事出版　１９９４

・「はじめてのディベート授業」池内清　学事出版　１９９６

・「ディベートに強くなる本」上條晴夫　学事出版　１９９５

・ＶＴＲ「ディベート授業入門」池内清　学事出版　１９９７

・教育科学「国語教育」１９９６－７月－　明治図書

・国語教育別冊「生きる力」を育む国語教育　１９９７－２号－　明治図書

《みなさん，わたしたちの意見は・・・》

第６章

読書の楽しさを伝え合う授業の実際

本とともだちになろう ～ブック・コマーシャルたいかいパート２～（１年）

お話大すき ～絵本を作り紹介しよう～（２年）

読書の楽しさを伝え合おう ～読書発表会を開こう～（５年）

毎朝の読書タイム・毎週の絵本の読み聞かせ・・・
本を読むことが大好きな子どもたちが，自分の読んだ本の楽しさ・さらには自分が作った絵本を友だちやおうちのひとたちに知らせたいという思いを教材化した。

読書活動と関連させた国語科の「話すこと・聞くこと」領域を重点に単元作りを行った。

相手を意識して話すこと・聞くこと

指導者　竹田和子

単元　　本と ともだちに なろう　〈1年〉
～ブック・コマーシャルたいかい　パート2～

おすすめの一冊を一人ひとりが，工夫した自分だけのスタイルで発表することを楽しみました。発表会当日まで友だちに秘密で練習することで，ワクワク，ドキドキの聞きたくてたまらない，話したくてたまらない場を仕組んだ単元です。

１．単元の計画

（１）学年　　第１学年（５名）

（２）時期　　２００２年１０月～２００２年１１月

（３）単元設定について

○　本学級の児童５名は，本が大好きで，保護者の方がしてくださる読み聞かせの時間を楽しみにしている。また，朝の読書タイムの時間には一字一字声に出して自分で一生懸命本を読んでいる姿がある。

話すことについては，抵抗があり，話していても小さな声になる，涙が出る，声が震えるなど，ひどく緊張する。

聞くことについては，話し手の方を見て聞き，態度よく聞ける子が多い。

７月には，「こんなほんをみつけたよ　『ぶっくこまーしゃるたいかいをしよう』」で自分の好きな本をそれぞれの方法で友だちに紹介し，楽しく発表したり聞いたりした。話すことに抵抗のある子たちであったが，個別に支援することや，自分の好きな方法で発表することにより，自信を持ってできた。また，級友には秘密で練習を進めたことで，当日は，わくわくしながら友だちの発表を見たり聞いたりすることができた。そして，友だちのみつけた本から新しい本を知り，より読書に親しみを持つことができた。

１学期に，平仮名の読み書きの学習を終了し，漢字，片仮名の学習も進んで読むことに慣れてきている。「おむすびころりん」「大きなかぶ」「くじらぐも」などの教材により，物語の筋の展開をとらえたり，登場人物の心情や場面の様子を想像したりする学習にも繰り返し取り組んできている。また教師による読み聞かせの活動で，お話の世界に浸ることの楽しさも経験している。

○　本単元の目標は，今までの学習で培った読みの力を定着させるとともに，それを生かして児童が主体的に教材を読み進め，読書の楽しさを体験し読書に親しみを深めることができるようにすることである。そのためには，一つの読み物を扱うだけでは不十分である。読書の楽しみと親しみをさらに広げるための方法として，「すきな本を友だちに紹介する」という場を設定した。さまざまな本を読み，紹介文を書き，それをもとに公的な場で発表するとともに級友の発表を聞くという「話すこと・聞くこと」「書くこと」「読むこと」のすべてに及ぶ総合的な言語活動を通して，易しい読み物に興味をもち，自分で好きな作品を選んで読むようにさせたい。

○　指導にあたっては，

まず，教科書教材文「ずっと，ずっと，大すきだよ」を次のように読み深めさせたい。エルフを愛しつづける「ぼく」の心情を中心に，児童自らが主体的に作品を楽しみながら読み進めていくことを大切にしたい。登場人物の気持ちや作者が言いたかったことなどについて，理屈で説明することを要求するような問いかけはできるだけ少なくし，読む途中のところどころで語り合い，互いの知識や経験を交流させながら物語の展開を楽しんだり，感想を伝え合ったりすることが十分にできるようにしたい。

児童自らが主体的に作品を読み進めていけるようにするためには，挿絵を生かすことが大切である。挿絵を順に追っていくことにより，物語の筋の展開を考えたり，挿絵に描かれた人物の様子や表情から，その場面の人物の心情を想像したりしたうえで，それを叙述によって確かめていく。また，読後の感想交流も挿絵をもとにしていちばん気に入った場面や印象に残った場面などについて発表させたい。

そして，自分の好きな本を積極的に紹介し合うという活動は，読書意欲に結びつくはずである。児童が紹介したくなりそうな本を用意するなどして，本について書いたり話したりして紹介し合う中で，児童が楽しめそうないろいろな本に触れることのできる場を設定したい。

単元全体を通して，声の大きさ，表情に気をつけながら話したり，友だちの意見や紹介について興味を持って聞いたりしながら，友だちのよさを見つけさせたい。

2．単元づくりの工夫

（1）仮説

（ア）	わたしのおすすめの一冊を紹介する場を聞き手の反応が返るような形で教師が仕組むことにより，子どもは，相手を意識して話すことができるであろう。
（イ）	話し手が紹介文を書いて，大事なことを意識しながら大きな声で話すことにより，聞き手は大事なことを落とさず聞くことができるであろう。
（ウ）	めあてを持って学習をし，授業の振り返りを子どもが書くことによって，友だちのよいところを見つけたり，自分を振り返ったりする力が育っていくであろう。

（2）仮説の評価（検証の視点）

(ァ) ①わたしのおすすめの一冊を紹介する場を聞き手の反応が返るような形で仕組めたか。（第四次）

○感想交流　→　感想が言えたか。保護者の方にも言ってもらう。

②相手を意識して，話すことができたか。（第二次　第四次）

○発表　→　聞き手の顔を見て，反応を確かめながら話していたか。

(ィ) ①紹介文を書くことで大事なことを意識できたか。（第三次）

○発表メモ　→　紹介文の中の大事なことに印を入れることができたか。

②友だちにわかりやすく大きな声で話すことができたか。（第四次）

○発表　→　姿勢良く，正しい発音，発声で話せたか。

③大事なことを落とさず聞くことができたか。（第四次）

○振り返りカード　→　本の題名，話の内容を聞けていたか。

(ゥ) ①めあてを持って学習できたか。（第一次～第四次）

○振り返りカード

②自分の学習を振り返れたか。(第一次～第四次)　○振り返りカード
③友だちのよさを見つけられたか。(第二次第四次)　○振り返りカード
④感想が持てたか。(第一次～第四次)　○振り返りカード

（３）単元の工夫

◎「話すこと」「聞くこと」の場づくりについて

○「わたしのおすすめの一冊」を紹介する場を「話すこと」「聞くこと」の場とする。

・好きな本を選んで読み学級の友だちに紹介する。

（目的意識・相手意識）

・１学期とは違う好きな本を１学期とは違う好きな方法で紹介する。

（内容の明確化）

・「わたしのおすすめの一冊」の例を教師が示す。（活動のイメージ化）

・振り返りカードを書く。（自己評価）

◎評価について

○好きな本の紹介文を書き，自分の発表に生かす。（観点の明確化）

○紹介の仕方についての工夫の観点を明らかにし,それに沿って評価する。
　自分以外の人が興味をもって聞いてくれるような工夫。

《ペープサートを使いながら話している》

3．単元の目標と指導構想　全9時間

子どもの興味・関心と言語の力

・動物に親しみをもっている。
・本を読むことが好きであるが，様子を想像しながら注意深く読むことは難しい。
・1学期にブック・コマーシャル大会をし，本を読む楽しさや紹介する場を経験している。

教　師　の　願　い

・想像を広げながら読んでほしい。
・本を読む楽しさを味わってほしい。
・いろんな本に触れてほしい。
・好きな本を紹介してほしい。
・話し手と聞き手がお互いを意識して，話す力をつけてほしい。

第一次

単元名：本と　ともだちに　なろう
～ブック・コマーシャルたいかい　パートⅡ～

第二次

ぶっく・こまーしゃるたいかいを振り返る。（1時間）

「ずうっと，ずっと，大すきだよ」を読もう（3時間）
・挿絵を見たり全文を読んだりして物語の大体をつかむことができる。
・「エルフ」と「ぼく」がしたことを書き出し，物語のあらましをつかむことができる。
・好きなところ，よかったところを紹介し合うことができる。

「エルフ」と「ぼく」は，なかよしだね。うちにも犬がいるよ。

第三次

本の紹介をしよう　（3時間）
・教科書を見て，「本の紹介のしかた」を知る。
・好きな本を一冊選び，読む。
・本の紹介に書く内容や紹介の方法を考え，「わたしのおすすめの一冊」を書くことができる。

第四次

「わたしのおすすめ一冊」を紹介しよう（2時間）
・本の紹介をすることができる。
・友達の紹介した本について，感想カードを書いたり，読んでみたいと思った本を読んだりすることができる。

みんなは，どんな本をしょうかいするのかな。

じょうずにできるかな。

単　元　目　標

◎ 話すこと・聞くことに関するねらい
読んだ本のおもしろかったところや楽しかったところを友達に話す。〔話・聞ア〕
友達が見つけた本がどんな本か興味を持って聞く。〔話・聞イ〕
◎ 読むことに関するねらい
易しい読み物に興味をもって読み，場面の様子や登場人物の行動などについて，想像を広げながら読む。〔読ア〕
○ 書くことに関するねらい
紹介する観点(本の名・書いた人・登場人物・あらすじなど)に沿って，紹介文を書く。〔書アイ〕
○ 言語事項に関するねらい
姿勢，口形などに注意して，はっきりした発音で話す。〔言（1）ア〕

4．評価規準

（1）単元の評価規準

国語への関心・意欲・態度	読んだお話に感想を持ち,好きな本を友だちに紹介しようとしている。〔関・意〕
話す・聞く能力	読んだ本のおもしろかったところや楽しかったところを友だちに話している。〔話・聞ア〕 友だちがみつけた本がどんな本か興味を持って聞く。〔話・聞イ〕
書く能力	紹介する観点（本の名・登場人物・あらすじなど）に沿って,紹介文を書いている。〔書アイ〕
読む能力	易しい読み物に興味を持って読み，場面の様子や登場人物の行動などについて，想像を広げながら読でいる。〔読アウ〕
言語についての知識・理解・技能	姿勢，口形などに注意して，はっきりした発音で話そうとしている。〔言（1）ア〕

（2）指導計画と観点ごとの評価規準　全９時間

次	時	形態	主な学習活動	評価規準(評価方法)						支援・留意事項
				関意	話聞	書	読	言語	評価規準(評価方法)	
一	1	一斉	○ぶっく・こまーしゃる大会を思い出し，振り返る。	○	○				・１学期にした，ぶっく・こまーしゃる大会を振り返っている。（振り返りカード）	・これからの学習に意欲が持てるように，１学期に使った資料・ビデオを見せて思い出させる。
二	1	一斉 個別	○挿絵を見たり全文を読んだりして,物語の大体をつかむ。 ①題名や挿絵を見て,話の内容を予想する。 ②動物や大好きな人に関する体験や思い出を自由に話す。 ③教師の読み聞かせを聞く。 ④挿絵を見たり全文を読んだりして、話の大体をつかむ。	○	○ ◎	○	○		・興味を持って学習しようとしている。（発表） ・飼っている動物や大好きな人について自由に話している。（発表） ・挿絵と本文を対応させながら聞いている。（態度） ・挿絵を見ることや,全文を読むことで,だれがだれを「ずうっと，ずっと，大好き」なのかつかんでいる。（振り返りカード）	・読む意欲を持たせるように教科書を開く前に，題名と挿絵を提示する。 ・会話体の文章を生かして優しく語りかけるように読む。 ・だれがだれを「ずうっと，ずっと，大すき」なのかつかめるように，挿絵などを利用する。
	1	一斉 個別	○挿絵と文章を対比させて物語のあらましを読み取りこの話で好きなところ,よかったところを紹介し合う。 ①挿絵と文を対応させながら，ぼくとエルフがしたことを書く。 ②初めから順に音読しながら①で書いたことを確認していき,物語のあらましを読み取る。 ③全文を読み返して,好きなところよかったと思うところを選ぶ。 （ぼくが，とてもエルフを大切にしていたことを読みとる。）		◎	○ ○	○ ○		・ぼくとエルフがしたことを書いている 。（ワークシート） ・物語のあらましを読み取っている。（発表） ・好きなところ,よかったところを選んでいるか。（態度） ・好きなところ，よかったと思うところを書いている。（振り返りカード）	・自分の力で読めるようにＰ,３０については全員で一斉に行い，あとは個人で取り組む。。 ・自分で挙げられない児童には,挿絵の中から選ばせる。
	1	一斉 個別	④各自が好きなところ,よかったと思うところを好きな方法で紹介する準備をする。 ・その場面のエルフ(または,ぼく)に手紙を書く。 ⑤友だちに紹介する。		○ ◎	○		○	・好きな方法で紹介する準備をしている。（感想メモ、音読，手紙など） ・読み終わった後、心に残ったことを紹介している。（発表） ・はっきりした発音で言っている。（発音） ・自分の紹介，友達の紹介についての感想を書いている。（振り返りカード）	・紹介のしかたには，次の方法があることを知らせて活動しやすくする。 ・選んだ理由や感想を話す。 ・音読 ・手紙 ・恥ずかしがらずに紹介できるように音楽を入れたり，練習を重ねたりして地震をもってできるようにする。
三	1	一斉 個別	○本の紹介のしかたを知り,自分が好きな本を友達に紹介する準備をする。 ①教科書Ｐ４０・４１を使って「本の紹介のしかた」を知る。 ②好きな本を一冊選び，読む。	○		○	◎		・興味を持って見たり聞こうとしている。（態度） ・好きな本を選び読もうとしている。（態度） ・振り返りカードを書いている（振り返りカード）	・手順や内容が分かるように本の紹介例を示す。
	1	個別	③紹介に書く内容や方法を考え,「私のおすすめの一冊」を書く。			◎			・自分の好きな本の紹介文を,内容に気をつけて書けている。（発表メモ）	・次の点は必ず入れるように助言する。児童の力に応じて好きなところや好きなことばも紹介できるようにする。 ①本の名前・書いた人 ②お話に出てくる人，動物，植物など ③どんなお話か
	1	個別	④自分が選んだ本の紹介をする練習をする。		◎	○		○	・自分が伝えたいと思うことが表現できている。（練習）（振り返りカード） ・口形，はっきりした発音で言おうとしている。（発音）	・友だちが読みたいなあと思うように話そうと呼びかける。 ・発表会をより楽しくするために友だちには秘密で練習する。
四	1 本時	一斉	○おすすめの一冊を紹介し合い,振り返りカードを書いたり，実際に気に入った本を読んだりする。 ①自分の考えた方法で，本の紹介をする。 ②友だちの紹介や，提示されたもの)をもとに振り返りカードを書く。	○	◎	○		○	・ 興味を持って活動しているか。（観察） ・自分の好きな本の内容を友だちに紹介している。（紹介） ・はっきりとした口形で発音しようとしている。（発音） ・自分の紹介，友だちのすすめる本の紹介について書いている。（振り返りカード）	・友だちに分かりやすいように，紹介文に書いたことをもとに話せばよいことを知らせる。
	1	個別	③実際に気に入った本を読む。			○	◎		・気に入った本を読んでいる（態度） ・読んだ本について書いている。（振り返りカード）	・友だちが紹介した本に目が向くようにおすすめの本のコーナーを作る。

５．本時の指導計画

（1）目　標

○自分の選んだ本の内容を友だちに紹介する。

○友だちのすすめる本の紹介について興味を持って聞き，感想を言ったり書いたりする。

（2）展　開

段階	学習活動 予想される児童の反応	支援	評価(評価方法)
つかむ 5分	1. 話すときと聞くときの約束を確かめ，自分のめあてをもつ。 ・大きな声で言いたいな。 ・友だちの顔を見て言いたいな。 ・いいところを見つけて言いたいな。 ・うなずきながら聞くよ。	・今までがんばったことをほめ，自信をもたせるような励ましの言葉をかける。	・話すこと聞くことについて自分なりのめあてをもっている。 (発表)
ふかめる 30分	2. 順番を決めて紹介し，聞き手は，感想を話す。 ・Ｅの紹介　くまくんのくしゃみ ・Ｃの紹介　ちいさなおひめさま ・Ａの紹介　せとうちたいこさんデパートいきタイ ・Ｄの紹介　１１ぴきのねこ ・Ｂの紹介　やさいでぺったん	・聞き手に伝えたいことが伝わりやすいように，事前に必要なものを用意しておく。 ・紹介中は見守る。	・紹介文をもとに友だちにわかるように話している。　(発表) ・興味を持って反応しながら聞いている。感想が言えている。 (発表)
まとめる 10分	3. 本時の学習を振り返る。 ・大きな声で言えてよかったよ。 ・緊張したよ。でもがんばって言ったよ。 ・○○ちゃんは工夫していたね。よくわかったよ。 ・途中で忘れてしまったよ。でも頑張ったよ。 ・○○ちゃんの本はおもしろそうだね。読んでみたいな。	・よかったことをほめて，やり終えた充実感を味わわせ，人前で話すことに自信を持たせる。	・本時の学習について誰が，どんな本を紹介し，どんな内容かを書いている。 ・話すこと，聞くこと，友だちのよさを見つけること，感想を書いている。 (振り返りカード)

評価　　　自分の選んだ本の紹介ができたか

６．授業の実際と仮説についての考察

（1）授業の実際

①　**ぶっく・こまーしゃるたいかいを振り返る**

まず，１学期のこまーしゃるたいかいのビデオを見たり，１学期使った資料を見たりして，前回のぶっく・こまーしゃるたいかいを思い出し，振り返ってみた。

ビデオを見ての感想は，次の通りである。

A．ちいさなこえでいってるなとおもいました。２学きのコマーシャルは，大きなこえでがんばります。１学きのぶっく・こまーしゃるたいかいは，とまったところがあったけど，２学きは，すらすらいえたらいいとおもいます。

B．こんどはもっと大きなこえでいう。２がっきのぶっく・こまーしゃるのときは，すらすらいえるようになる。

C．１学きのぶっく・こまーしゃるは，すらすらいえてたからよかったです。１学きよりももっと大きなこえではっきりと２学きはいえたらいいです。

D．こえがちいさくてよくきこえないからそれをなおそう。それから手をあげるのがちょっとだらっとしているから，ぴしっとして手をあげる。

E．１学きは，こえがちいさかったから，２学きには，もっとおおきなこえではなしたりする。

どの子も，聞き手に良くわかるように話すには，今までよりもっと大きな声ではっきり話す方がいいと気づき，そのことを書いている。それに加えて，はっきり話すには，口をしっかり開けて，正しい発音で話すよう意識づけた。

②　**「ずうっと、ずっと大すきだよ」を読もう**

挿絵を見たり，全文を読んだりして物語の大体をつかんだ。その後，挿絵と文章を対比させて文章の大体を読み取り，この話で好きなところ，良かったところを紹介し合った。

A　わたしは，「ぼくは，エルフのあったかいおなかを，いつもまくらにするのがすきだった。そして，ぼくらは，いっしょにゆめを見た。」のところがすきです。わけは，きもちよさそうにねているからです。

B　わたしは，ねているところがすきです。「ぼくは，エルフのあったかいおなかを，いつもまくらにするのがすきだった。そして，ぼくらは，いっしょにゆめを見た。にいさんもいもうとも，エルフのことがすきだった。でもエルフ

はぼくの犬だったんだ。」のところです。わけは，かわいいからです。

C　わたしは，「ぼくは，エルフのあったかいおなかをいつもまくらにするのがすきだった。そして，ぼくらは，いっしょにゆめを見た。」のところがすきです。わけは，ねているときにわらっているみたいで，たのしそうだからです。

D　わたしは，「エルフとぼくは，まい日いっしょにあそんだ。エルフはりすをおいかけるのがすきで，ママのかだんをほりかえす。」のとこがすきです。ほりかえすのはだめだけど，りすをおいかけているところが，かわいいとおもう。

E　わたしは，「にいさんやいもうともエルフのことが大すきだった。でも，エルフはぼくの犬だったんだ。」のところがすきです。わけはたのしそうだからです。

挿絵をもとに物語のあらすじをつかみ，どんなお話かはつかめたが，好きなところ良かったところの紹介は上記のように１名を除いて，似たような場面が好きだと言った。順番にみんなの前に出て，好きな所を紹介した。

③　本の紹介をしよう

〔ブック・コマーシャルに向けて本を選ぼう〕

１学期にした，ぶっく・こまーしゃるたいかいの第二弾として，ブックコマーシャル大会パート２をすることを知らせた。子どもたちは，自分が紹介したい本を決めた。

ブック・コマーシャルしてみたいと言った本は，次の通りである。

A「せとうちたいこさんデパートいきタイ」
B「やさいでぺったん」
C「ちいさなおひめさま」
D「１１ぴきのねこ」
E「くまくんのくしゃみ」

〔ブック・コマーシャルを作る計画を立てよう〕

ブック・コマーシャルをするには，どんな活動が必要かを短冊に書いて，黒板に貼りながら説明していった。

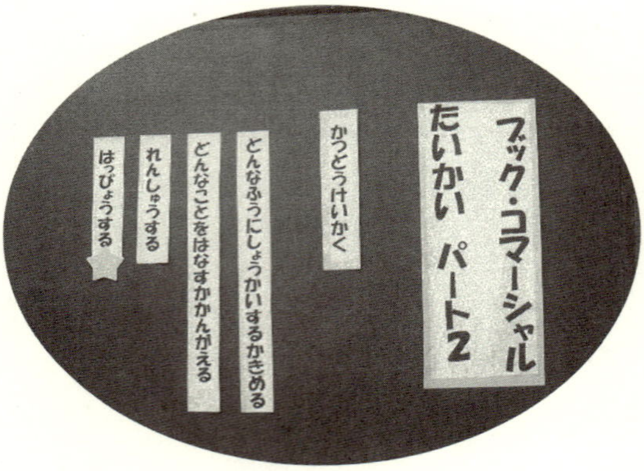

誰に対してコマーシャルするかであるが，同じクラスの１年生の友だちに対してコマーシャルすることに決めた。また，前回と同様，友だちには，秘密にして進めていった。

《活動計画》

〔本の紹介のしかたを決めよう〕

１学期に，本の紹介の方法を知らせるために，いくつかの例を紙に書いて説明しているので，おさらいをしながら，今度は，１学期とは違う方法で紹介することにした。

１学期に知らせた方法は，クイズ，劇，音読，あらすじを話す，出てくる人にインタビュー，ペープサートであるが，今回新しく違う方法も加えてもよいことにした。なぜ，その本に決めたかを考え，どこをどんな方法で紹介するか決めた。

A　おはなしがたのしくておもしろい。（デパートに行き，さかなうりばでびっくりしてとんでかえるところ）

⇨　おはなしをしながら，おはなしをよみたいな。

B　ぺったんのしかたがよくわかって，やってみたくなる。

⇨　ぺったんのしかたをはなしたり，つくったのをみせてあげたいな。

C　いつもはなにもしないおひめさまが，はんたいになることや，おてつだいさんが，ひっくりかえるところがおもしろい。

⇨　おはなしをはなしながら，ペープサートがしたいな。

D　おおきなさかなをつかまえて，もってかえるやくそくをしているのに，あさになったらみんなたべてしまってた。

⇨　本をみせながらおはなししたいな。

E　くまくんがかわいい。

⇨　ほんをよみたいな。こもりうたもうたおう。

〔発表メモを作ろう〕

発表メモのワークシートを書いた。右は，発表メモの例である。

メモを書いた後，落としてはいけない大事なことに赤線を入れた。

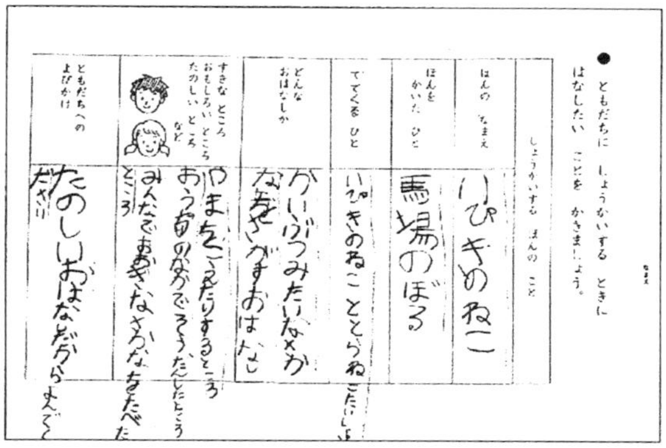

A　たいこさんの絵を描いて，自分の首から下げ，たいこさんになる。デパートの感じが出したいから，大きく写すために，実物投影機で本を写す。

B　ぺったんの仕方を話し，自分がした野菜のぺったんを見せる。

C　出てくる人のペープサートをつくり，動かしながら，お話をする。

D　本を見せながら，お話する。魚が骨になったところを絵に描いて見せる。

E　本を見せながら読む。子守唄を歌う。

〔ブック・コマーシャルの練習をしよう〕

今回も教室の中を大きいダンボールで仕切り，友だちのしていることや動きが分からないようにして小道具作りを進めた。声を出す場面では，他の特別教室に行き，教師対ひとりで練習をした。(時間をずらして練習)

よい所はほめて自信を持つようにし，もう少しと言うところは，こうしたらどうかなどとアドバイスして支援した。

児童が今回も発表のとき音楽があったほうがいいと言うので，曲目を自分で決めた。それぞれの，バックミュージックは，

A　ドラえもん
B　となりのトトロ
C　ノクターン
D　ニャースのパーテイ
E　こぶたぬきつねこ　　　　となった。

発表順は，いつも１番はじめがいいという E，最後がいいという B，後は３番，２番，４番と決まっていった。

１番Ｅ，２番Ｃ，３番Ａ，４番Ｄ，５番Ｂ　である。

④　「わたしのおすすめの一冊」を紹介しよう

本時のめあては，　・本のしょうかいをしっかりする

・しっかりきく　（うなずく　へんじ）

・ともだちのいいところをみつけていう　　とした。

それを受けて個人のめあては

A　おおきなこえですらすらいう。うなずきながらみてきく。いいとこみつけをしたい。

B　わかるようにはなす。うなずきながらみてきく。いいとこみつけをしたい。

C　おおきなこえでゆっくりはなす。うなずきながらみてきく。いいとこみつけをしたい。

D　おおきなこえでゆっくりはなす。うなずきながらみてきく。いいとこみつけをしたい。

E　はずかしがらないでいう。うなずきながらみてきく。いいとこみつけをしたい。

と，それぞれのめあてを言った。

ブック・コマーシャルたいかい

E　こぶたぬきつねこで登場

くまくんのくしゃみ　　角野栄子 作

・本を見せながら読む・話す

・子守唄をバックミュージックに

・あわせてうたう

♪♪
はくしょん　くっしょん
ふかふか　くっしょん
ねんねは　くっしょん
くーくー　くまくん
あたまが　いいぞ　♪♪

C　ノクターンで登場

ちいさなおひめさま　　角野栄子 作

・ペープサートを動かしながら話す

おひめさま

１３人のおてつだいさん

犬

おばあさん

A　ドラえもんで登場

せとうちたいこさん　デパートいきタイ

長野ヒデ子 作

・絵を首から下げて　たいに変身

・実物投影機で写す

D　ニャースのパーティで登場

１１ぴきのねこ　　馬場のぼる 作

・本を見せながら話す

・朝になると骨になっていた魚

⇨

B　となりのトトロで登場

やさいでぺったん　よしだきみまろ 作

・本を見せながら読む，話す

・ピーマンとセロリで型押しした作品を見せる

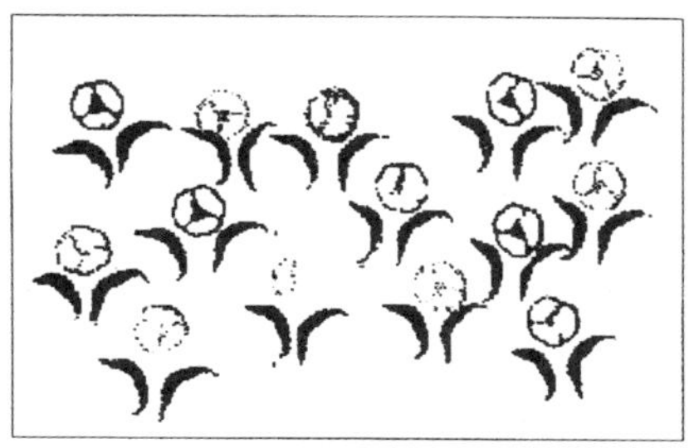

（２）仮説についての考察

わたしのおすすめの一冊を紹介する場を聞き手の反応が返るような形で教師が仕組むことにより，子どもは、相手を意識して話すことができるであろう。

①　わたしのおすすめの一冊を紹介する場を聞き手の反応がかえるような形で仕組めたか。（第四次）に対して感想交流で感想が言えたかであるが，

児童は，時間の都合上全員発言をその都度させることはできなかったが。発表が終わるごと二人ずつぐらい感想が言えた。

保護者は，

・堂々と，大きな声で，聞いている人の方を見ながら発表できて，驚いた。

・練習していることに気づかなかったのでびっくりした。

・楽しい本を見つけたね．お母さんも読んでみたい。

という感想をくださった。

参加者からは，

・保育所では読んでもらっているのに，自分で，大きな声で，はっきりと読んだり顔を見ながらお話してくれてびっくりした。今度は，保育所のお友だちにも読んでね。

・いろんな学校のいろんな勉強を見て回るけど，どの子も大きな声ではっきりと後ろの人の顔を見ながら言えているので感心した。とってもすがすがしいいい気持ちになった。先生とも心が通じ合っているんだなと思った。

と言う感想を頂いた。

② 相手を意識して，話すことができたか（第二次・第四次）に対して，発表では，聞き手の顔を見て，反応を確かめながら話していたかであるが，感想交流の保護者や参加者の声にも出ていたが，５人とも聞き手の顔を見て反応を確かめながら話せていた。また振り返りカードにもそのことを書いている。

話し手が紹介文を書いて，大事なことを意識しながら大きな声で話すことにより，聞き手は大事なことを落とさず聞くことができるであろう。

① 紹介文を書くことで大事なことを意識できたか（第三次）に対して，発表メモの紹介文の中の大事なことに印を入れることができたかでは，前ページの発表メモの例で示しているように全員が大事なことに印を入れることができている。

② 友だちにわかりやすく大きな声で話すことができたかに対しては，発表では，姿勢良く，正しい発音，発声で話せたかであるが，前回よりどの子も大きな口をあけて大きな声ではっきりと話すことができた。ただ，こと

ばの言い回しや，イントネーションについては標準語になっているとは言えない。

③　大事なことを落とさず聞くことができたか（第四次）に対しては，振り返りカードに，本の題名，話の内容を聞けていたかであるが，右のカードのようにどの児童も題名・内容を捉えている。

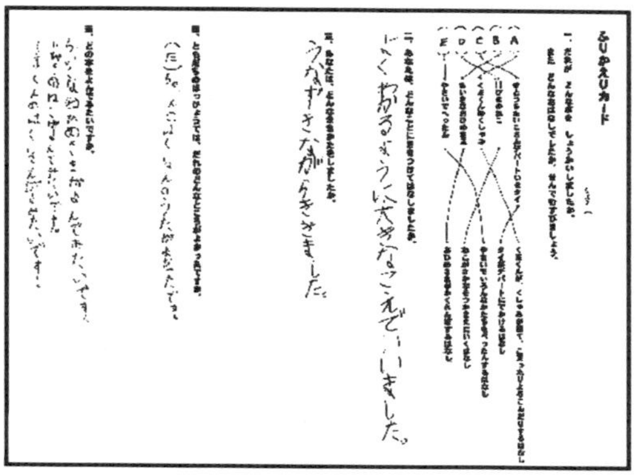

《振り返りカード》

めあてを持って学習をし，授業の振り返りを子どもが書くことによって，友だちのよいところを見つけたり，自分を振り返ったりする力が育っていくであろう。

① めあてを持って学習できたか（第一時～第四次）

② 自分の学習を振り返れたか（第一時～第四次）に対しては，振り返りカードを毎時間書き続けた。

③ 友だちのよさを見つけられたか（第二次・第四次）

④ 感想が持てたか。（第一次～第四次）に対しても，友だちのよさを見つけることや感想がもてている。

7．成果と課題

（1）成果

- 感想交流をするなど，聞き手の反応が返ることを仕組むことによって，相手を意識して話すことができた。
- 紹介文を書いて大事なことを意識して，大きな声で話すことにより伝えたいことが良くわかり，聞き手も大事なことを落とさず聞くことができた。
- めあてを持って学習し，振り返りを書くことにより，友だちのよさを見つけることや自分を振り返る力が，少しはついた。
- 本の題名も発表の内容も級友に秘密で準備を進めることで，ブック・コマーシャル大会当日を興味深く迎えることができた。
- 視覚に訴えるものを使うことで発表する側も聞く側も楽しむことができた。

・バックミュージックを使うことは，話す者の緊張をほぐすことにつながるし，自分が感じた作品のイメージを音で表現することにもつながる。

・朝の会・帰りの会など，日常生活の中で，相手を意識して大きな声で話すことや，反応を返すことを仕組むことにより，話すこと・聞くことのルールが定着した。

・日ごろの取り組みで，話すことに対しての，話そうとする意欲の高まりもあって，感想が言えた。

（2）課題

・自分の考えや気持ちが前よりは出せるようになっているが，その場その場に応じた対応はまだ十分とは言えない。

・どんな振り返りカードが良いのか研究が必要だ。

・イントネーションを含めて，方言と標準語は，国語科の授業の中で，どうあるべきか。

８．参考文献

・山本名嘉子　国語科授業研究の方法と課題　渓水社　２０００

９．学習材

・「てぶくろ」エウゲーニ・M・ラチョフ　福音館書店　１９８２

・「はなをくんくん」ルース・クラウス　福音館書店　２００２

・「どろんこハリー」ジーン・ジオン　福音館書店　１９９９

・「１１ぴきのねこ」馬場のぼる　こぐま社　２０００

・「くまくんのくしゃみ」角野栄子　ポプラ社　２０００

・「ちいさなおひめさま」角野栄子　ポプラ社　２００１

・「せとうちちこさんデパートいきタイ」長野ヒデ子　童心社　１９９６

・「やさいでぺったん」よしだきみまろ　福音館書店　１９９１

自分のつくったお話から話す・聞く力を高める

指導者　石岡怜子

単元　　お話，大すき　〈２年〉
～絵本を作り紹介しよう～

子どもたちは，みんなお話を聞くのが大好きです。その中でも特に，挿絵を見ながらの読み聞かせが大好きです。そんな絵本大好きの子どもたちが，三枚の異なった題材の挿絵を選び，各々工夫して描きます。その挿絵をもとに，自分が考えたお話で想像たくましく絵本を作り，その絵本を読み聞かせし，みんなに紹介する単元です。

1．単元の計画

（１）学年　　第２学年　（５名）

（２）時期　　２００２年１０月～２００２年１１月

（３）単元設定について

○　本学級の児童は，読書が大すきである。朝の読書タイムでは，各自好きな本を選び黙々と読んでいる。また，週一回の保護者の方の読み聞かせも楽しみにして聞いている。全体的に童話的なものより絵本のように見て感性で楽しむものの方が気に入っているようである。しかし，一学期に学習した「たんぽぽのちえ」や「スイミー」の影響で，科学読み物や翻訳された読み物にもしっかり興味を表して幅広いジャンルに手を伸ばして読むようになってきている。

○　本単元は文字がほとんどなく登場人物のいくつかのせりふだけしか載せられていないので戸惑いを感じる。よって児童一人ひとりが聞いて楽しむことを大切にしイメージ豊かにお話の世界を思い描かせたい。恐ろしい山んばにつかまってしまったときの小坊主の怖さや，激流を追いかけてくる山んばの速さなどのイメージを広げることができれば，絵本作りでもストーリーを工夫し登場人物の行動や気持ちをより細やかに思い描きながら書くことができるであろう。

○　本単元は，紙面いっぱいに挿絵が描かれているため，どの児童も抵抗なく学習に入れるものと思われる。かわいい小坊主と対照的な山んばの姿に児童は想像力たくましくお話の中に飛び込んでいけることだろう。また，「三枚のおふだ」は絵本作り活動の仲介的役目をもっている。ここではお話を考える手がかりとしての三枚の挿絵なので絵を生かせる児童は挿絵を中心にした作品を作らせ，苦手な児童にはお話遊びの中で登場人物になりきってお話作りをふくらます工夫をしていきたい。そして児童の関心をひきそうな読み物コーナーを教室の一角に用意したい。

2．単元づくりの工夫

（1）仮説

（ア）「読み聞かせ」をする場を仕組むことによって，聞き手の反応を意識し，相手をひきつける読み方が工夫できるであろう。

（イ）工夫して絵本をつくらせ「読み聞かせ」をさせれば，聞き手が話の展開に興味をもって聞き，作品のよさを見つけて話すことができるであろう。

（ウ）めあてをもって学習させ，授業の振り返り方を支援することによって，次の学習の意欲を高めることができるであろう。

（2）仮説の評価（検証の視点）

（ア）① 読み聞かせの場づくりによって聞き手の反応を受けとめることができたか。

○読み聞かせ→聞き手の顔を見て反応を確かめながら読んでいたか。（二次，五次）

→二次での感想やアドバイスを取り入れて読み聞かせているか。（二次，五次を比べる）

② 読み方に工夫のあとが見られるか。

○読み聞かせ→聞き取りやすい発音，発声で読めたか。（二次，五次）

→イントネーション，抑揚，間の取り方，強弱，速さなどを工夫して正確に読んだか。（二次，五次）

○読み聞かせ後の感想交流→聞き手が話を楽しみながら聞いていたか。（二次，五次）

（イ）① 工夫した作品づくりができたか。

○作品→はじめ，なか，おわりの組み立てで書けたか。（三次，四次）

→かぎ（「」）を使ってお話がつくれたか。（三次，四次）

→様子を表す言葉を使ってかけたか。（三次，四次）

② 友だちの作品のよさを見つけられたか。

〇感想メモ→かぎ（「」）や様子を表す言葉を使っているところ，自分が面白かったところが書けたか。（五次）

〇感想交流→かぎ（「」）や様子を表すことばを使っているところ、自分が面白かったところが言えたか。（五次）

（ウ）① 学習記録を書くことができたか。

〇ふり返り（ノート）→学習の始まりにめあてを決め，終わりに振り返って気づきや反省が書けたか。（ノート，ワークシート）（一次，二次，三次，四次，五次）

② 自分の学習のまとめができたか。

〇ノート，感想文→読み聞かせの時の気づき（工夫）や作品づくりの工夫が振り返って書けているか。（五次）

（３）単元の工夫

① 「話すこと」「聞くこと」場づくりについて

〇 絵本をつくり，読み聞かせをする場を「話すこと」「聞くこと」の場とする。

・楽しいお話をつくり，学級の友だちに読んであげたい。

（目的意識・相手意識）

・つくった作品を，自分で工夫して読み聞かせをしたい。

（内容の明確化）

・読み聞かせを教師が何冊かする中でこつをつかませる。

（活動のイメージ化）

・毎時間学習の振り返りをノートに記すことを続ける。（自己評価）

② 評価について

〇 学習の中で分かったことをノートに記録する。（授業記録）

〇 読み聞かせ後，交流の場をもって意見を交換し合う。（観点の明確化）

〇 自己評価力を高める工夫

・めあてをもって学習する。

・友だちのよさを見つける。

・学習記録の工夫。

3．単元の目標と指導構想　全１７　時間

子どもの興味・関心との言語の力

・いろんな話を聞くのが好きである。
・絵本作りに興味をもっている。
・聞き落とさないで聞くことを学習してきている。
・相手に伝えたいことを書くときに組み立てを考える学習をしてきている。
・１年生の学習を通して，読み聞かせの体験をしてきている。
・「は・を・へ」や句読点やかぎ（「」）の使い方について学習してきている

教師の願い

・お話の世界にひたり人間として生きていく知恵や倫理を感じとって欲しい。
・絵本に仕上げるという目的意識をもって話を書いて欲しい。
・話題からそれずに話したり答えたりして欲しい。

単元名：お話，大すき　　～絵本を作り紹介しよう～

第一次

「三枚のおふだ」の感想をみんなに話すことができる
・絵を見ながら「三枚のおふだ」の話を聞き表現のおもしろさを味わうことができる。
・お話の感想を出し合うことができる。

・ぼくは紹介カードを書くよ。
・わたしは読み聞かせで紹介したいな。

・山んばってこわいなあ。
・おしょうさんってかしこいね。
・３枚のおふだってすごいききめだね。

第二次

いろいろなお話を楽しもう
・読み聞かせを聞きいろいろなお話に親しむことができる。
・自分で本を探して読むことができる。

第三次

絵本作りをしよう
・お話の順序を考えることができる。
・三枚の絵を彩色しながらイメージを深めることができる。

第四次

作品例を読んで表現の工夫をしよう
・はじめ，なか，おわりの場面を書くことができる。
・推敲することができる。

第五次

一冊しかない絵本をつくろう
・絵と文の配置を考え，清書することができる。
・各自工夫して読み聞かせをすることができる。
・お話のいいところを見つけることができる。

単元目標

◎ 話すこと・聞くことに関するねらい
・話がどうなるかを聞き落とさないように興味をもって聞く。〔話・聞イ〕
◎ 読むことに関するねらい
・考えながら話を聞き，内容の大体をつかむ。〔読イ〕
・場面の様子など想像を広げながらお話を聞く。〔読ウ〕
○ 書くことに関するねらい
・絵本を作る目的でお話を書く。〔書ア〕
・組み立てを考えながらお話を書く。[書ウ]
○ 言語事項に関するねらい
・助詞の「は・を・へ」や句読点やかぎ（「」）の使い方に気をつける。
［言語ウ〈ア・イ〉］

４．評価規準

（１）単元の評価規準

国語への関心・意欲・態度	お話の創作に関心をもち，進んでお話を作ろうとする。
話す・聞く能力	思ったこと言いたいことを自分の言葉で伝えている。聞き落とさないように興味をもって聞く。
書く能力	簡単な組み立てを考えて書いている。
読む能力	お話を聞き内容の大体をつかむ。想像を広げながらお話を聞く。
言語についての知識・理解・技能	長音，拗音などの表記ができ，助詞「は・へ・を・」や「」の使い方が適切にできる。

（２）指導計画と観点ごとの評価規準　全１７時間

次	時	形態	主な学習活動	評価規準(評価方法) 関意	話聞	書	読	言語	評価規準(評価方法)	支援・留意事項
一	1	一斉	○「三枚のおふだ」のお話を楽しもう。 ・絵を見てどんなお話か自由に発表する。	○	○		○		・挿絵を見てどんなお話か想像している。（発表）	・挿絵を十分楽しんでから読み聞かせる。
			・絵を見ながら「三枚のおふだ」を聞き，おもしろい表現に注目する。		◎		○		・場面を想像しながら，三枚のおふだがどのように使われたかを考えながら聞いている。（ノート）	・ページをめくるタイミングを知らせる。
			・感想を出し合う。		◎				・自分の考えと比べて聞いている。（ワークシート）	・比べて聞けるように自分の考えをしっかり持たせる。
二	2	一斉	○いろいろなお話を楽しもう。 ・教師の読み聞かせを聞きいろいろなお話に親しむ。	○	◎			○	・聞くときの約束を守り多くの作品を楽しんでいる。（観察）	・聞くことによって次のお話作りにつなげるようにいろんな表現や展開の本を読む。
	2		・本を探して読む。	◎		◎	○	○	・自分で本を選び読んだことを紹介カードに書いている。（カード）	
	1		・児童どうしで読み聞かせをする。		◎ ◎				・興味をもって聞いている。（観察） ・表現のおもしろさ，工夫を発表している。（発表）	・読むことになれるために朝の会で児童の読み聞かせを続ける。
三	1	一斉	○絵本作りをしよう。 ・三枚の絵を見比べてお話の順序を考える。	○		◎	○		・前時までの学習を振り返り「はじめ」・「なか」・「おわり」の展開に気づいている。（ワークシート）	・子どもたちが意欲をもって作れるようにいくつかのコースを用意する。
	2	個別	・三枚の絵をイメージ化して作る。			○		○	・絵の中から「だれが」「どうした」を考えている。メモに気づいたことを書き込んでいる。（メモ用紙）	・メモしやすいようにメモ用紙を用意する。（題名，登場人物の名前，できごと）
四	1	一斉	○作品例を読んで表現の工夫をしよう。 ・作品例にある工夫を探して取り入れる。		◎		○		・作品例を読んで表現を工夫している。（観察）	・お話作りで大切にすることが分かるように表現例のポイントを示す。 ①会話文を入れよう。 ②ようすをくわしくかこう。 ③楽しく終わろう。
	2	個別	・「はじめ」「なか」「おわり」の場面を書く。			○			・メモをもとに下書きしている。（ワークシート）	
	1		・推敲する。			○	◎		・読み返し，書き加えたり書き直したりしている。（作品）	・漢字，言葉遣いに間違いがないか調べる。
五	3	個別	○一冊しかない絵本を作ろう。 ・絵と文の配置を考えて清書する。後書き，表紙をつくる。	○		○			・丁寧に仕上げている。（作品）	・最後まで意欲的に活動できるように，世界でたった一つの絵本を仕上げようと呼びかける。
	1	一斉	・絵本を読み聞かせる。		◎	◎	○		・工夫して話している。（発表） ・しっかり聞き友だちのよいところを見つけようとしてる。（発表・カード）	

５．成果と課題

・読書量を増やし，読み聞かせの場をたくさんもたせたことで，聞き手の感想や反応を確かめながら読み聞かせが，できるようになってきた。

・はじめ，なか，おわりの展開で楽しいお話を自分で考え作り上げることができた。作品の推敲は大変だったが，自分の気に入った作品が出来上がり読み聞かせにも自信を持って臨むことができた。

・前書き・後書きを書くために図書室の本を借り，お話に出てくる動物の生態にまで関心をもち調べた児童も出てきた。

・ほとんどの児童は，意欲的に取り組めたが，活動の途中で意欲が薄れる児童が出てきた。めあての持たせ方や支援の仕方をもっと工夫していきたい。

６．参考文献

・「国語科授業研究の方法と課題」山本名嘉子　渓水社　2000

７．学習材

・「やまんばのにしき」松谷みよ子　ポプラ社　2000
・「半日村」斎藤隆介　岩崎書店　1990
・「ちからたろう」今江祥智　ポプラ社　1978
・「あほう村の九すけ」大川悦誠　ポプラ社　1973
・「かさこじぞう」岩崎京子　ポプラ社
・「九ひきの小おに」谷伸介　ポプラ社　1979
・「いぬのごろたろう」立石憲利　ほるぷ出版　1986
・「ソメコとオニ」斎藤隆介　岩崎書店　1988
・「かにむかし」木下順次　岩波書店　2000

《子どもの作った絵本》

テーマを持った読書から話す力を高める

指導者　小川知美

単元　読書の楽しさを伝え合おう　〈５年〉
～ 読書発表会を開こう ～

本は大好きだけれど，自分の思いや考えを話すのが苦手な５年生。そんな子どもたちと「読書発表会」を計画し，自分が選んだテーマを持って読書をしました。そして，発表に向けて取り組む中でもっと話す力を高めたいと願い，発表の仕方を考え，自信をもって一人ひとりがみんなの前で話すことができるように工夫した単元です。

１．単元の計画

（１）学年　第５学年（１４名）

（２）時期　２００２年　５月中旬～６月上旬

（３）単元設定について

○　本学級の児童は，朝の読書タイムが大好きである。時間になると各自が読みたい本をさっと机の上に出し，熱心に読みふけっている。また，今までの学習から分からないことは辞書を引いたり，図書室に調べに行ったり，本にとてもよく親しんでいる。

　その反面，日常生活や学習の中で自分の言いたいことが相手に分かりやすく話せないことが多い。言い方が分からなかったり，考えを説明することがうまくできないために，人前で話すことが苦手な児童もいる。

○　教材文「プラム・クリークの土手で」「宇宙をみたよ」を読み感想を書く。その感想を元にしながら，読むときの課題を決める。そして，自分が読み深めたいテーマについてグループに分かれて感想や意見を話し合い，まとめたことをみんなで交流し合う。その学習を生かしテーマを決めて本を読み，テーマに沿って感想をグループで出し合い，その魅力をみんなに話す場を設ける。そうすることで，様々な本を読むのではないかと考える。グループでの発表を生かし，相手に伝えたいことをはっきりと伝えられるように話し方を工夫すると考える。また，聞き手もテーマの違う本にはどのような魅力があるのか自分たちの読んだ本と比べながら聞くことができると考える。

○　指導に当たっては，グループ読書会を生かしてテーマに沿って本を読ませ，グループで自分の考えをはっきり言ったり，友だちの考えと比べてみたりして，テーマについての考えが深まるようにしたい。グループでの話し合いの場があるので，司会や記録の仕方についても理解させたい。教材を参考にしながら，読書発表会までの手順について学習し自信をもって自分の考えが言えるようにさせたい。グループでテーマに沿って話したいことをまとめ，話したいことが伝わるような発表原稿を書き，発表の仕方を工夫し，一人ひとりが自信をもって自分の考えが言えるように支援していきたい。読書発表会においては，自分たちが読んでいないテーマの発表を聞くことで相手の伝えたいことを聞き取ることが出きると考える。

２．単元作りの工夫

（１）仮説

○　各自が自分の選んだテーマをもって読書をすることで，自分の考えや思いを相手に伝えたい意欲をもち，話すこと，聞くことの能力を育てることができるであろう。

○　自分のめあてを明らかにして学習し，学習の振り返りをすることで自己評価力を育てることができるであろう。

（２）授業における工夫点

①「話すこと」「聞くこと」の場づくりについて

○学級で読書発表会を開き，読書の楽しさを伝え合う場にする。

・自分のテーマをもって読書をし，考えたことをまとめ，読書の楽しさを伝えたい。（目的意識）

・学級の友だちに自分の考えを伝える。（相手意識）

・自分とは違うテーマの本について友だちの考えを聞き，今までとは違うテーマの本に興味をもてるようにする。（内容の明確化）

・教科書の活動例をもとに考える（活動のイメージ化）

・学習記録を毎時間続けて書く。（自己評価）

②評価について

○グループでの話し合いでお互いの考えを聞き合い，よさを見つける。

○自己評価力をつけるために

・評価の観点を与え，学習の振り返りを行う。

・お互いの発表を聞き合いよいところを出し合う。

③本単元で目指す子どもの姿（話し方，聞き方，話し合い方）

・自分の意見と同じところや違うところを考えながら話したり，聞いたりする。

・相手の方を見ながら話す。

・大切な言葉をメモしながら聞く。

・効果的な発表の仕方を工夫する。（挿し絵，図鑑，朗読など）

《読書発表会》

3．単元の目標と指導構想　全１５時間

子どもの興味関心

・朝の読書タイムが好き。
・いろいろな本を読んでみたい。

つかいたい力

・聞き手に自分の考えが分かるように話す力。
・必要とする本を探す力。

教師の願い

・友だちの意見をしっかりと聞いて欲しい。
・いろいろな本を読んで欲しい。

単元名：読書の楽しさを伝え合おう
～読書発表会を開こう～

第一次　**読んだ本について話そう**

・学習の計画を立てることができる。

第二次　**グループ読書会を開こう**

・二つの物語を読み感想を書くことができる。
・課題を決めて物語を読み，考えや疑問などをメモすることができる。
・グループ読書会を開き次の読書会への意欲を持つことができる。

みんなの考えをよく聞いてみたいな。つぎはどんな本を読もうかな。

第三次　**読書発表会を開こう**

友だちに自分の本のどこを紹介しようかな。

・読書発表会を開くことを知り，計画を立てることができる。
・読みたい本を選びグループを決めることができる。
・グループでテーマに沿って話し合い，発表原稿を作ることができる。

第四次　**学習を振り返ろう**

次には，どんな本を読もうかな

・読書発表会を振り返り，これから読んで見たい本を探すことができる。

単元目標

◎話すこと・聞くことに関するねらい
考えた事や自分の意図が分かるように場や目的に応じて話す。
◎読むことに関するねらい
自分の考えを広げたり深めたりするために，また，必要な情報を得るために図書を選んで読む。
○書くことに関するねらい
目的に応じて，自分の考えを効果的に書く。
○言語事項に関するねらい
語句の構成などに注意して仮名遣いを正しく表記している。

４．評価規準

（１）単元の評価規準

国語への関心・意欲・態度	○いろいろな種類の文章を読むことを楽しもうとしている。
話す・聞く能力	○考えたことや自分の 意図が分かるように話の組み立てを考えたり，話し手の意図を考えながら聞こうとしている。
書く能力	○自分の考えたことが相手に伝わるように工夫して書いている。
読む能力	○自分の考えを広げたり深めたりしたことを読書発表会に生かしている。
言語についての知識・理解・技能	○語句の構成などに注意して仮名遣いを正しく表記している。

（２）指導計画と観点ごとの評価規準　全１５時間

次	時	形態	主な学習活動	評価規準(評価方法)						支援・留意事項
				関意	話聞	書	読	言語	評価規準(評価方法)	
一	1	個別 一斉	○今まで読んだ本の中で印象に残っている本について発表する。		◎	○			・自分の好きな本を書いて発表している。（発表）	・好きな本を思い出させるためにノートに書かせておく。
			○読書発表会への意欲をもつ。	◎					・いろいろな種類の文章を読むことや読書発表会を聞くことを楽しもうとしている。（発言，態度）	・読書発表会への意欲をもたせるために，発表の方法を紹介する。
					◎				・どんな発表会にしたいか考えを発言している。	
二	1	個別 一斉	○「プラム・クリークの土手で」「宇宙をみたよ」の読書会をする。 ・二つの作品を読み簡単な感想を書き，発表する。				○		・どちらか関心のある物語を選びよんでいる。（態度）	・本をさがしやすくするため，図書館などからも本をかりておく。
						○		○	・二つの作品を読んで，自分の考えを書いている。（ノート）	
	2	個別 グループ	・課題を決めて，どちらかの作品を詳しく読み，考えや疑問をメモする。				○		・読みの課題をもって，作品を読んでいる。（態度，ワークシート）	・課題が持てるように，いくつかの例をあげておく。
						○		○	・課題にそって自分の考えを書いている。（ワークシート）	
				○					・グループ読書会を楽しもうとしている。（態度）	
	1	グループ	・メモをもとに，グループ読書会を行う。		◎				・友たちの意見を聞きながら，自分の考えを話している。（観察，ワークシート）	・メモがとれるようにワークシートを用意しておく。
	1	個別	・感想をまとめ，次の読書会に意欲を持つ	◎					・読みたい本を探そうとしている。（態度）	
三	1	一斉	○読書発表会をひらく		◎				・読書発表会の仕方を話し合っている。。（発表）	・活動の内容がイメージしやすいように教科書を参考に考えさせる。
			・活動の内容を知り課題を持つ。	◎					・いろいろな種類の本を読むことや，読書発表会を楽しもうとしている。（態度）	
	5	個別 グループ 一斉	・テーマに沿って本を探し，選んだ本を読む。				○		・課題にそって必要なところに印を付けながら読んでいる。（態度）	
			・グループで話し合い発表の準備をする。		◎				・課題にそってグループで話し，自分の意見と比べながら聞いている。	・グループを机間指導し，話し合いの仕方を指導していく。
						○		○	・自分の発表するところの原稿を，自分の考えが伝わるように書いている。（ワークシート）	・自分に合った紹介の方法が見つかるようにいくつかの例を挙げて話をする。
				○					・自分の選んだ本を紹介するための工夫を考え，準備している。（観察）	
				○					・グループで発表の練習をしている。（観察）	・ 相手を意識した発表になるようにアドバイスをしていく。
	2		・読書発表会をする。		◎				・自分の伝えたいことが分かるように工夫して話をしたり，話し手の意図を考えながら内容を聞 いたりしている。（発表，ワークシート）	
四	1	一斉 個別	○学習を振り返り，今後の読書計画を立てる。		◎				・読書発表会を振り返り，みんなの前で発表をしている。（振り返りカード）	・本を選べるようにするために，児童の興味のある本を図書館などからも借りておく。
				○					・いろいろなテーマの本を読もうとしている。（態度）	

５．成果と課題

・一人ひとりが自分が選んだテーマをもって読書をすることで，最後まで本を読み通し，絵や朗読を取り入れるなどして自分の思いを工夫して伝ようとした。

・６年生に発表会を見てもらうということが励みになり，発表の仕方をグループで工夫していた。友だちの発表を聞いて他のテーマの本を読もうとする姿が見られた。

・計画に少し無理な部分があった。「読む力」の実態を捉えて，一人ひとりにあった本を選ばせ，読書にあてる時間をしっかり取るような計画を立てることが必要であった。

・授業の記録を続けたが，児童に振り返りに書く中身を具体で示せなかったので，振り返りが形式的になった。具体例を示したり口頭交流をしたりして，書き方の手だてをしていきたい。

６．参考文献

・「まるごとわかる国語シリーズ⑨みんなで話そう」山本名嘉子　岩崎書店　１９９７

・「まるごとわかる国語シリーズ④読書感想文を書こう」吉田幸雄 岩崎書店 １９９７

７．学習材

・「若草物語上・下」Ｌ．Ｍ．オルコット　あすなろ書店 ２０００

・「おねえちゃんの子守歌」赤木由子　学校図書株式会社 １９８４

・「シルバー・クレイの岸辺で」ローラ・インガルス・ワイルダー　福音館 １９７３

・「おばあちゃん」ペーター・ヘルトリング　偕成 １９７９

・「あしながおじさん」ジーン・ウェスター　ポプラ社 １９７３

・「少年少女シートン動物記１『おおかみ王ロボ』」シートン　あかね書房 １９９２

・「ゲンジボタルといきる」国松俊英　くもん出版 １９９０

・「つるになったおじさんの動物記」高橋良治　偕成社 １９９１

・「ファーブルの昆虫記上・下」ジャン・アンリ・ファーブル　岩波書店 １９８８

・「名犬ラッシィー」エリック・ナイト　岩崎書店

・「エーミールと探偵たち」エーリッヒ・ケストナー　岩波書店 １９６２

・「トム・ソーヤの冒険」マーク・トーウェイン　集英社 １９９０

・「選ばなかった冒険『光の伝説』」岡田淳　偕成社 ２００１

・「冒険者たち」斉藤あつ夫　岩波少年文庫

資　料

・全教科で育てる「自ら学ぶ力」

・実践した単元一覧表

・「話すこと・聞くこと」に関する年間指導計画

全教科で育てる「自ら学ぶ力」

学習意欲，課題発見力，学習構想力，情報操作力，発表力，自己評価力

	低学年	中学年	高学年
学習意欲	○学習するものに対して好奇心を示す。 ○目標に向かって努力する。	○身の回りの物事に興味をもつ。 ○課題意識をもって積極的に調べようとする。	
課題発見力	○分からないことについて質問をする。 ○いくつかの学習課題から自分の課題を選ぶ。 ・絵本や本に興味をもち，調べたいことを探すために自分から読んでいこうとする。 ・文章を読み疑問をもつことができる。 ・身近な事柄について，自分の知っていることとの違いに気づくことができる。	○活動の中から自分の課題を見つける。 ○話し合いを通して自分の課題をみつける。 ・経験を駆使し，いくつかの学習課題の中から，自分の課題を選ぶことができる。 ・事柄と事柄，ものとものを比較してみることができる。	○自分の課題を見つける。 ○もの，ことを違った視点から見つめることができる。
学習構想力	○学習の仕方について予想する。 ・課題解決のためにいろいろな考え方ができる。 ・先生と一緒に計画を立てていくことができる。	○学習の計画を立てる。 ・学級で話し合う中で決めていくことができる。	○学習の計画を立てる。 ○行き詰まったり，失敗したりしたとき，計画を立て直す。 ・自分の意見を確かめながら学ぶ。 ・自分の学習課題に即した学習の計画を立てることができる。
情報操作力	（収集力） ○必要な本などを図書室で探す。 ○インタビューする。 ・インタビューの意味が分かり，簡単なインタビューができる。	○必要とする本などが分かり，図書室などで探す。 ○インタビュー，アンケートをする。 ・自分が必要とする本，文献などがわかり図書館などで探そうとできる。 ・インタビューができ簡単なメモがとれる。 ・アンケートの意見がわかり簡単なアンケート調査ができる。	○必要とする本や文献などを探す。 ○身近なところに出掛けて現地取材をする。 ・必要とする本や文献などを探すことができる。 ・適切なインタビュー，現地取材ができる。 ・アンケート調査を行うことができる。 ・インターネットを使い必要な情報を集めることができる。
	（選択力） ○見聞きしたり読んだりして，必要なものを選ぶ。 ・自分に関わりの深いものを選ぶことができる。	○集めた情報を比較分類し，目的に応じたものを選ぶことができる。	○目次，索引を使って調べる。 ○情報を比較分類し軽重を考えて必要なものを選択する。 ・自分の考えと比べながら聞く。 ・調べた資料の読み取りができる。 ・集めた情報を比較，分類し，軽重を考えて必要なものを選択できる。
	（まとめる力） ○大事なことをおとさず書く。 ・自分の考えをまとめてノートに書くことができる。 ・自分が楽しみながら自分の言葉でまとめることができる。 ・違いに気づき同じものをまとめられる。 ・順序を考えて書くことができる。	○要点をまとめる。 ・話し手のいいたいことをとらえてメモを取りながら聞く。 ・良さを感じた友達の考えを取り入れようとしながらノートに書くことができる。 ・調べたことを客観的にまとめることができる。 ・報告したいことを決め順序よく表現することができる。	○要旨をまとめる。 ○選んだ情報へ自分の考えを重ね，自分の意見，主張をつくる。 ・自分の考えの変化を書くことができる。 ・１時間の学習の流れがわかるようなノートが作れる。 ・選んだ情報への自分の考えを重ね，考えの主張を作っていくことができる。 ・要旨をまとめることができる。
発表力	○自分の言葉で発表できる。 ○絵本，紙芝居，図鑑などを作る。 ・大きな声ではっきりと話す。 ・話している人の方を向いて聞く。	○聞き手，読み手を意識した構成を考えてまとめる。 ○新聞，ポスター，辞典，物語，脚本などを作る。 ・聞き手を意識しながら話す。 ・読み手を意識した構成を考えてまとめたり，聞き手を意識した話し方ができる。	○聞き手，読み手に意見・主張が分かるように話したり書いたりする。 ○ビデオを使い，発表したり報告したりする。 ○案内文，紀行文，影絵本などを作る。 ・時と場所に応じて声量や時間の取り方を考えながら話す。 ・読み手に自分の主張がはっきりわかるように書いたり，聞き手に自分の主張がはっきりわかるような話し方ができる。 ・OHP やビデオ，プロジェクター（パソコンを使い報告することができる。 ・まとめたことを図表にすることができる。
自己評価力	○工夫したところ，頑張ったことなどを振り返る。 ○友達のよいところをみつける。 ・自分の作品を楽しみながら紹介することができる。	○自分の取り組みを振り返る。 ○友達の頑張ったことを振り返る。 ・次の活動を意識し，友達のいいところを取り入れていく。	○テーマの妥当性，取り組み方，意見の発表の仕方などについて振り返る。 ・自分の考え方，感じ方と比べながら友達の作品に触れることができる。 ・テーマの妥当性，追求活動の取り組み方，報告の形式と方法について自分なりのふり返りができる。 ・次のテーマへの手がかりを感じ取ることができる。

（参考文献）「国語科新単元学習論」浜本純逸　明治図書　１９９７

実践した単元一覧表

（　）の中は研究教科

	１９９７年度（国語）	１９９８年度（国語）	１９９９年度（総合）
１年	保育所の先生に教えてあげよう むかしむかし山野でね　～紙芝居やさんになろう～	お話カセットを作ろう ミニミニ劇団　誕生！ 小学校の１年間を教えます	がっこうのことをおしえてあげよう　～ともだち，がっこうとなかよくなろう～ とっておきのものみ～つけた　～たんけんカルタをつくろう～ やまのむかしばなしとともだちになろう
２年	生き物クイズを作ろう おもちゃの作り方教えます	おいしいジャムの作り方教えます お話ランドに絵本をおくろう 紙人形劇をしよう	おいしいやさいでごしょうたい　～お世話になった人を招待しよう～ 山野ジャングルをつくろう　～よみがえれ山ごん～ アルバムをつくろう　～こんなに大きくなったよ～
３・４年	ふれあいプラザ探検誌をつくろう 私たちのくすの木物語	さあ，ひらいてごらん。そこには！　～本のすすめ～ ごみ探検隊が行く シナリオライター誕生　～紙芝居の脚本づくり～	ふるさと探検に出かけよう ふるさと山野をさぐろう
５年	くすの木の下で 地球の環境を新聞に書こう	たたかわそう意見を　～ディベートをしよう～	学校行事について地域の人に知ってもらおう　～壁新聞を読んでもらうには？～
６年	私たちの農事暦	２１世紀の環境を考える　～ディベートをしよう～　（山野川を守れるか） 未来を見つめる	２１世紀に伝えよう！みんなの山野小学校 これが分かった～地域から学んだことをまとめてみよう～

	２０００年度（総合）	２００１年度（総合）	２００２年度（国語）
１年	しょうがっこうのことをおしえてあげよう むしむしクイズだいしゅうごう わたしの・ぼくの１年間	がんばりすぺしゃる　おてがみをだそう わくわくカレンダーをつくろう もうすぐ２年生	ぶっくこまあしゃるたいかい ブックコマーシャルたいかいパート2 もうすぐ２年生　できるようになったこといっぱい
２年	カレーパーティをしよう お話キャラバンたいが行く アルバムをつくろう　～こんなに大きくなったよ～	おもちゃハウスであそぼう 見て！聞いて！たんけんストーリー！ アルバムをつくろう	すきなお話を読もう　～お話の楽しさを紹介しよう～ お話大すき　～こんなお話を考えた～ くわしく思い出して書こう　楽しかった２年生
３・４年	かいこ日記をつくろう 山野の名人になろう	山野の生き物探検をしよう　～生き物新聞づくり～ ふしぎいっぱい山野の自然　～山野の生き物探検パート２～　生き物の本を作ろう	ふしぎが分かる本をしょうかいしよう　～まとまりに気をつけて読んだことをいかして～ 知ってますか？体の仕組み　～伝え合いを考えてしょうかいしよう～
５年	戦争と平和について考える　～山野にも戦争があったんだよ～ 地域の人口減から考える　～みんな山野にカムバック～	ホームページで伝えよう！　～ぼくたち・わたしたちの山野小学校～ ふるさと山野　再発見　～山野の紹介番組をつくろう～	読書の楽しさを伝え合おう　～読書発表会を開こう～ 話し合いの達人をめざそう　～山野環境会議～ 伝え方を工夫しよう　～一年間を振り返って～
６年	野菜作りと畑の生き物を調べよう 森はみんなのたからもの 森の恵みを生かす活動　森にやさしい活動をしよう	見たい，聞きたい，さわりたい　～修学旅行を１００倍楽しむ方法，おしえます～ 「その気になる広告」を作っちお！	この作家の本 おすすめ！ 話し合いの達人をめざそう　～山野環境会議～ 自分たちの足跡を残そう～１年間の思い出をホームページに～

「話すこと・聞くこと」に関する年間指導計画　　3・4年生　　（全学年，作成している。一例として3・4年をここに載せる。）

学年目標	話したいことを選んで筋道立てて話し，話の中心に気をつけて聞くことができるとともに，進んで話し合おうとする子の育成										
学期の目標　話す	○ 自分の考えに理由をつけて話す。 ○ 聞き手によく伝わるように適切な音量や速さで話す。				○ 大切なことを選び，順序よく筋道を立てて話す。 ○ 場に応じた適切な話し方，大事なことが正確に伝わる話し方で話す。 ○ 聞き手の反応を見ながら話す。				○ 調べたこと，考えたことを筋道立てて，分かりやすく伝える。		
学期の目標　聞く	○ 分からないことは聞き返して理解する。 ○ しっかりと聞き，相違点や共通点を知る。				○ 反応を返しながら聞く。 ○ 大事なことに気をつけて聞く。 ○ 要点をメモにとって聞く。				○ 自分の考えをまとめられるように聞き取る。		
学期の目標　話し合う	○ お互いの相違点や共通点を進んで話し合う。				○ 相違点や共通点について考えながら話し合う。 ○ 相手の話を受け取って話を返す。				○ 相手の話に関わらせ，自分の考えを進んで話し合う。		
月	4月	5月	6月	7月	9月	10月	11月	12月	1月	2月	3月
話し方	○ 考えを先に述べ，後に理由を付けて話す。 ・「～だと思います。わけは～だからです。」など ○ 声のものさしをもとに場にあった音量，速さで話す。				○ 話題を切り出して話したり，接続詞を使って話したりする。 ・「～について話します。」「でも，だから，それから」など ○ 話す相手や目的に応じて，丁寧な言葉を選んだり，分かりやすい言葉に言い換えたりして話す。また，場に応じた適切な声の大きさや速さに気をつけて話す。 ○ 間の取り方，資料の出し方，表情を工夫し，聞き手に分かりやすい話し方をする。				○ 調べたことや考えたことの話の中心を決めて話す。 ○ 事実，感想，意見を区別して話す ・「～でした。」「～と感じました。」「～と思います。」など		
聞き方	○ 聞き取れなかったときや，分からなかったとき聞き返す。 ・「もう一度言ってください。」など ○ 自分の考えと比較しながら聞く。				○ うなずいたり，よく分からないことや，詳しく知りたいことを質問したりしながら聞く。 ○ 話し手が話したいことは何か，話の順序や組み立てや接続詞に気をつけ，大事なことを聞き取る。 ○ 分かったこと，感想，質問などを聞き分けてメモする。				○ 話題をおさえ，話の内容を考えて結論を聞き取り，自分の感想をまとめる。		
話し合い方	○ 自分の立場をはっきりさせて話し合う。 ・「同じです」「違って」など ○ 相手の意見を聞いて補足する。 ・「付け加えると」など				○ 相手の話を求め，話し合いをすすめる。 ・「～の場合についてはどう思いますか。」など ○ 相手の話をいったん受け止め，自分なりの意見を持って話し合う。 ・「そうですね。でも～だと思います。」など				○ 相手の話をいったん受け止め，自分なりの意見を持って話し合う。 ・「～についてわたしも～だから～と思います。」「そうですね。でも～だと思います。」 ○ 相手のよいところを認めて話す。 ・「いい考えだね。」「思いつかなかった。」など		
話すこと聞くことの単元	『きつつきの商売』 ＊想像した場面について，友だちによく伝わるように，適切な音量や速さで話す。	『ありの行列』 ＊はじめて知ったことや驚いたことを話し合う。伝えたいことを選んで「ありの行列」の紹介文を書き，内容や表現のよさについて話し合う。	『名前をつけよう』 ＊ものの名前をつけることを通して，話し合いで大切なことについて理解する。 ・理由も伝える ・質問しわかりあう ・相違点・共通点を理解して自分の考えを伝える ・目的を意識する	『白いぼうし』 ＊他の作品を読み比べ，読んだ作品について発表しあう。読み比べた作品について分かったことを話し合う。	『調べたことを発表しよう』 ＊調べたいことを決め，調べ方を話し合う。インタビューを行い，適切な言葉遣いで話す。調べたことを発表し，感想を話し合う。	『一つの花』 ＊読み取って考えたこと，調べたこと，感想についてまとめ，発表する。	『これが，「わたし」です。』 ＊体のことについて調べ，「知っていますか？体の仕組み」発表会をする。	『道案内をしよう』 『たしかめながら話す・聞く』 ＊道案内をするところを決め，道案内の練習をする。 ＊聞き間違いが起こらないように話したり聞いたりするときに大切なことについて話し合う。	『りん　りりん』 ＊場面の様子を想像して感想を発表し，楽しさを話し合う。	『「伝え合い」を考える会を開こう』 ＊調べたり体験したりすることについて話し合う。発表会のリハーサルをし，気づいたことを伝え合う。	『ごんぎつね』 ＊学習したいことを話し合い，学習活動を決める。発表の仕方について話し合い，中間発表会で学んだことを生かして，発表内容を高める。
朝の会，帰りの会，他教科，道徳，特別活動等	○ 詩の音読（適切な音量，速さ，間の取り方にきをつけて）（朝の会） ○ つながり遊び(全校行事)・身体表現(体育)（心を開放し，声を出していく活動）										
	＊自分の感じたり考えたりした事を進んで話す。(道徳)		＊人の感じ方や考え方を分かろうとする。(道徳)		＊話し合いの中心からそれないようにして自分の考えを言う。(道徳)				＊何が言いたいのかを正しく聞き取り，自分の感想を持つ。(道徳)		
			・老人宅訪問（総合）	・１学期終業式の発表(3年)(学校行事)	・２学期始業式の発表(4年)(学校行事) ・体験発表（総合）	・社会見学（学校行事）			・児童会役員選挙(児童会行事)		

（参考文献）新学力観に立つ国語科授業の改革② 話し言葉の基礎「基本型・基本話型」の教材開発　瀬川榮志監修　埼玉言語教育研究会著

あとがき

「おはようございます。」
山間の小さな学校に子どもたちの元気な声が響くと，飼育小屋の烏骨鶏たちは一斉に羽根をばたつかせます。子どもたちはランドセルを置くのももどかしく，すぐ飼育小屋の掃除を始めます。水を換え，えさを与え，糞を取り除き・・・日曜も，どんな雨の日・雪の日であろうとそれは３６５日毎日続きます。教職員だれひとりとして口出しをしたり指示したりしません。子どもたちは入学したときから上級生のこの姿を見，そのやり方を学んでいくのです。こんな子どもたちに『伝統－受け継ぐ－』という姿を見ることができます。

本校には，このような子どもたちの『伝統』に負けないもうひとつの伝統があります。それは，３２年前よりほぼ毎年のように公開研究会を行ってきたことが示す『教職員の教育研究に対する熱い思い』という伝統です。

先輩の諸先生方が残してこられた数々の研究・すばらしい教育実践などの大きな財産をこのまま山の中へ埋もれさせてはならない，これからもより豊かな教育内容を創造していく足がかりとしてもきちんと整理し，残しておかなければならない，そんな思いから始まった今回の「本として出版」という作業でした。

今，社会が激動する中で，教育界もまた大きな変革が求められています。新教育課程の定着・学力向上への対策・心の教育の充実・・・従来のやり方では対応出来ない課題が山積している現在，わたしたちは変わることを求められています。しかし，教育の不易の部分，即ち「学校は，社会の一員として生きる力を身に付け，生きることの基本を学ぶところである。」ということを見失ってはなりません。学ぶことのおもしろさを実感させること，学びがいの感じられる教育内容を創造すること，生きて働く学びを体得させること・・・等々「学び」の本質を追究していく教育研究をこれからも大切にしていかなければならないと考えます。

国語教育の先達として知られる大村はま先生は著書「教えるということ」

の中で「子どもがかわいければ，教師という職業人としての技術，専門職としての実力を持つことだ。子どもをほんとうにかわいがる，幸せにする方法は他にはないんだと思います。遊んでやるのもよし，頭をなでてやるものよし，やさしい言葉をかけるのも結構，しかしそれらはすべて２次的なことです。やはり，自分の研究の成果，すぐれた指導の実力によって，子どもを本当に磨き上げることです。つまりしっかり教えられなければ，頭をなでてもいっしょに遊んでも，それはたいした値打ちをもたないものだと思います。」と述べておられます。

私たちは今回の出版にあたり，「教える」ということの意味をもう一度しっかりと捉え直し，「学びを創る」ことにさらに厳しく自己研鑽を重ね，新たな課題へ挑戦していくことを改めて決意いたしました。研究の一つの区切りとして，多くの皆さまにご批正をいただき，これからもますます精進してまいりたいと思います。

子どもたちが瞳を輝かせ，はちきれる笑顔とともに「おはようございます。」と元気よく登校する姿を求めて，これからも価値ある苦労を分かち合える教職員集団でありたいと思います。

最後になりましたが，６年間にわたり本校の研究を終始ご熱心にご指導くださいました安田女子大学教授山本名嘉子先生をはじめとして，多くの諸先生方に心よりお礼申しあげます。

２００３（平成１５）年３月

広島県福山市立山野小学校
研究同人一同

【研　究　同　人】

平成１４年度

野田　能行	宮本加代子	石塚　裕人	岡田久仁子
小川　知美	大河原洋子	石岡　怜子	竹田　和子
和田　淑子	高橋　郁子	先納　照子	原田　充子
佐藤　順子			

平成１３年度

木坂奈保子	川崎　潤子	徳永　規子

平成１２年度

村上　三枝 （津田）	小林　香織	伊藤　道子

平成１１年度

井上　貞女	松岡　智浩	諫山　江美	羽原　克房

平成１０年度

舘上喜久美	谷本妃呂美

平成９年度

高橋恵利子

広島県福山市立山野小学校

720-2602　広島県福山市山野町大字山野３５７９番地

TEL084-974-2004　　FAX084-974-2635

【監修者紹介】

山本　名嘉子（やまもと　なかこ）

安田女子大学教授

日本国語教育学会　理事

日本カリキュラム学会　元理事

＊　香川県，広島県の高等学校，中学校に勤務する。

１９７５年より広島県教育委員会・広島県教育センターにおいて小・中・高等学校の国語教育を中心に教員研修に関わる一方，個別化・個性化の研究，自己教育力の育成等の研究に取り組む。

１９９４年広島県教育センター副所長を退職，現在に至る。

〔主な著書〕

「国語科個別指導入門」　明治図書　１９８５

「学校におけるやる気の創造」（共著）広島県教育研究所連盟　第一法規　１９８３

「求められる教師の自己教育力」新堀通也編『教師の人間力・行動力』ぎょうせい　１９８１

「教育研究の進め方」『新学校教育全集２８』　ぎょうせい　１９９５

「国語科授業研究の方法と課題」　渓水社　２０００

等

～国語科単元学習・総合的な学習を通して～

学びを創る　動き出した子どもたち

平成15年３月20日　発　行
平成15年６月10日　第２刷

監修者　安田女子大学教授　山本名嘉子

編　者　広島県福山市立山野小学校

発行所　株式会社 渓 水 社
広島市中区小町1－4（〒730-0041）
電　話（082）246-7909
ＦＡＸ（082）246-7876
E-mail: info@keisui.co.jp

ISBN4-87440-746-3 C3037